Georg Schädle

Kirche und Sakramente

Materialien zum Grundwissen Religion

Kopiervorlagen
für Freiarbeit, handlungsorientierten
Unterricht oder Lernzirkel

Auer Verlag GmbH

Gedruckt auf umweltbewusst gefertigtem, chlorfrei gebleichtem
und alterungsbeständigem Papier.

2. Auflage. 2006

Zeichnungen: Gabriele Dal Lago, Otterfing, Gitta Langenmayr
Gesamtherstellung: Ludwig Auer GmbH, Donauwörth
ISBN 3-403-0**3470**-4

www.auer-verlag.de

Inhalt

Vorwort

Allgemeine Klagen über mangelndes Glaubenswissen der Schüler und Unzufriedenheit über die inhaltlich unklare und methodisch wenig anregende Aufbereitung mancher Medien haben dazu geführt, die nachfolgenden Themen zum Grundwissen des katholischen Religionsunterrichts zu erarbeiten und anzubieten.
Dabei wird sehr wohl gesehen, dass das Proprium des Glaubens nicht in abfragbaren Wissenselementen zu fassen ist. Dennoch dürfen diese als Basis für eine tragfähige religiöse Bildung und Erziehung nicht gering geschätzt werden.
Inhalt und Form der Materialien sind in langjähriger Unterrichtspraxis des Verfassers als Religionslehrer (Grund-, Haupt- und Förderschule), als Ausbilder und Schulbuchautor gereift und fühlen sich den Anforderungen heutiger Religionsdidaktik verpflichtet.
Besonderer Wert wurde bei der Erstellung des Materials auf große inhaltliche Klarheit und breite didaktische Einsatzmöglichkeit gelegt. Im Einzelnen bedeutet das:

Sprache:

- eindeutige Begriffe,
- klare Strukturen,
- verständliche Erklärungen,
- zeitgemäße Ausdrucksweise,
- knappe überschaubare Texte.

Bilder:

- ansprechende Illustrationen,
- kindgemäße Darstellungsformen,
- Veranschaulichung des inhaltlichen Zentrums.

Aufbau des Materials:

- Zu jedem Thema gibt es ...
  - eine **Übersichtskarte**, die das Thema kurz umreißt,
  - eine **Anweisungskarte**, die die Arbeitsanleitung enthält,
  - und **Materialkärtchen**, die die thematischen Aspekte beinhalten.
- Die Anweisungskärtchen sind aufgegliedert in
  - **Grundaufgaben**, die ohne Zusatzmittel leicht bearbeitbar sind,
  - **schwerere Aufgaben** (➪), die weiterführend sind und deren Lösung nur mit zusätzlichem Material möglich ist, das jedoch im Buch abgedruckt ist,
  - **sehr anspruchsvolle Aufgaben** (➪➪), für deren Lösung gelegentlich in der Bibel oder im „Gotteslob" nachzuschlagen ist,
  - und **Gestaltungsaufgaben** (☞), die das Thema in den emotional-subjektiven oder kreativ-künstlerischen Bereich weiterführen.
- Alle Materialkärtchen sind mit Symbolen versehen, die der eindeutigen Zuordnung zum jeweiligen Thema dienen.
- Daneben haben alle Materialkärtchen Zeichen (Zahlen, Buchstaben); diese helfen bei der Lösungskontrolle (Lösungsblatt im Anhang).

Einsatzmöglichkeiten:

- in der **Freiarbeit**; die Schüler können mittels der Kärtchen (die auch gut laminierbar sind) eigenständig am Thema arbeiten;
- im **herkömmlichen Unterricht** (als Arbeitsblätter) mit Schwerpunktsetzung Schüler- und Handlungsorientierung;
- in einem **Lernzirkel**, da alle Themen ähnlich zu bearbeiten sind (Strukturkontinuität), und die Grundaufgaben vom Umfang und Schwierigkeitsgrad nahezu gleich sind.

- Darüber hinaus können die Lehrerinnen und Lehrer das Material als Folie auf dem Tageslichtprojektor verwenden,
- vergrößert als Wort- und Bildkarten bei der Tafelarbeit,
- als Legematerial im Sitzkreis,
- auch als Baukastensystem, mit dem zuerst einfache, später komplexere Lernvorgänge eingeleitet werden können.

Zielgruppe:

- Konzipiert sind diese Materialien für Schülerinnen und Schüler von der vierten bis zur achten Jahrgangsstufe.
- Einzelne Elemente (Begriffe, Bilder, einfache Erklärungen) können auch bei jüngeren Kindern eingesetzt werden, andere Elemente (Strukturkärtchen, ausführliche Erklärungen und weiterführende Arbeitsaufträge) bei älteren Jugendlichen.
- Das Material ist auch gut im außerschulischen Bereich (Sakramentenvorbereitung) verwendbar.

Lernart:

- Die Schüler lernen anhand des Materials spielerisch im handelnden Umgang auf attraktive Weise.
- Sie legen die Kärtchen in eine logische Reihenfolge, ordnen Bilder, Erklärungen und Strukturen zu.
- Sie können eigenständig und ganzheitlich lernen.
- Sie lernen weniger durch Lesen und Einprägen als durch Sich-Auseinandersetzen und Verstehen.
- Sie können ihre Ergebnisse selbst überprüfen (Erfolgskontrolle).
- Sie können nach den Grundaufgaben entscheiden, welche Wahlaufgaben sie bearbeiten wollen, so haben höher motivierte und leistungsstärkere Schüler weitergehende Lernmöglichkeiten (Differenzierung).
- Die Arbeit kann in Einzelarbeit, aber auch in Partner- oder Kleingruppenarbeit durchgeführt werden.

Intention:

- Das Material dient der Klärung, Wiederholung, Stabilisierung und Vertiefung religiösen Wissens.
- Das Material ist lehrplan-, jahrgangs- und schulartübergreifend konzipiert.

So soll diese Unterrichtshilfe dazu beitragen, dass Schülerinnen und Schüler im praktischen Tun ihr Glaubenswissen mehren – im Dienst für ein gelingendes Leben.

Hinweise zur Arbeit mit dem Material:

- Jedes Thema hat eine Übersichtskarte (DIN A5). Auf dieser steht das Thema und eine kurze Zusammenfassung des Themas. Beispiel:

Thema →

Zusammenfassung des Themas →

Übersichtskarte

Der Aufbau der Messe

Jesus hat oft Mahl gehalten, auch mit Zöllnern und Sündern. Das Mahl war für ihn ein Zeichen der Gemeinschaft.
Am Abend vor seinem Leiden und Sterben lädt er seine Jünger zu einer letzten Zusammenkunft ein. Alles, was er bisher gesagt und getan hat, verdichtet sich in diesem letzten Abendmahl.
Er spricht das Dankgebet und den Lobpreis. Und er nimmt das Brot, bricht es und gibt seinen Jüngern davon. „Nehmet und esset alle davon: Das ist mein Leib, der für euch hingegeben wird." Nach dem Essen nimmt er den Becher mit Wein, spricht das große Dankgebet und reicht ihn seinen Jüngern: „Nehmet und trinket alle daraus: Das ist der Kelch des neuen und ewigen Bundes, mein Blut, das für euch und für alle vergossen wird, zur Vergebung der Sünden. Tut dies zu meinem Gedächtnis."
Bis auf den heutigen Tag erfüllt die Kirche diesen Auftrag Jesu. In der heiligen Messe, der Eucharistiefeier, erinnern sich die Gläubigen an Jesu Worte und Taten, begegnen ihm im Wort und im Mahl und lassen sich stärken für ihren Alltag.

- Jedes Thema hat eine Anweisungskarte (DIN A5). Auf ihr stehen die Arbeitsaufträge, die der Reihe nach bearbeitet werden. Sie gibt Auskunft über Grundaufgaben und Wahlaufgaben, Schwierigkeitsgrad und einen Gestaltungsvorschlag. Beispiel:

Grundaufgaben →

weiterführende anspruchsvollere Wahlaufgaben →

Gestaltungsaufgabe →

Anweisungskarte

1. Ordne die Hauptteile (1–4) der Messe in der richtigen Reihenfolge an!
2. Ordne die Einzelteile (A–D) der Messe den Hauptteilen zu!
3. Ordne die entsprechenden Bilder (a–d) zu!
4. Ordne die Grundgedanken der jeweiligen Teile zu (I–IV)!
5. ⇨ Ordne den Ablauf der Messe (①–④) zu!
6. ⇨⇨ Schau dir im Gotteslob Nr. 352–366 den genauen Ablauf der Messe an!
7. ⇨⇨ Schau dir im Gotteslob Lieder an (z. B. GL 462–473), die zu den einzelnen Teilen der Messe gesungen werden und vergleiche sie mit den Grundgedanken (I–IV)!
8. ☞ Das Letzte Abendmahl ist der Ursprung der Messe. Schneide aus Tonpapier einen Tisch, Kelch, Schale, 12 Jünger und Jesus aus. Lege aus den einzelnen Teilen ein Abendmahlsbild.
9. ☞ Stell dir vor, du wärest ein Künstler und bekämst den Auftrag, für einen Priester ein Messgewand zu entwerfen, das er im Kindergottesdienst tragen kann. Welche Bildelemente und welche Anordnung wären dir wichtig? Zeichne Entwürfe!

- Jedes Thema besteht aus einzelnen Kärtchen, die zugeordnet werden müssen. Beispiel:

Zeichen zur Lösungskontrolle

Themensymbol

2

Eröffnung

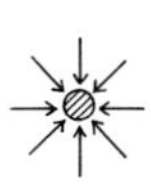

Wortlaut-Kärtchen

b

Bildkärtchen

II

Gott lädt uns ein, ihm in Jesus Christus zu begegnen.

Wir versammeln uns und danken ihm.

Erklärungskärtchen

C

Begrüßung
Schuldbekenntnis
Kyrie (Herr erbarme dich)
Gloria (Ehre sei Gott)
Tagesgebet

Strukturkärtchen

Übersichtskarte

Die Grundfunktionen der Kirche

Wir sehen und erleben, dass in der Pfarrgemeinde vieles geschieht, vom Gottesdienst bis zur Firmgruppe, von der Sozialstation bis zum Seniorenkreis. Gehört das wirklich alles zu den Aufgaben der Kirche?
Die Grundfunktionen der Kirche verdeutlichen, was die zentralen Anliegen der christlichen Gemeinschaft sind: der Dienst an den Armen (Diakonia), der Dienst am Wort Gottes (Martyria), der Dienst an der Einheit und der Gemeinschaft (Koinonia) und der Gottesdienst (Leiturgia).
Sie gehen auf das zurück, was Jesus sagte und tat, und sind auch bei den ersten Christen in der Urgemeinde sichtbar.
In unserer Zeit werden sie auf unterschiedlichste Weise erfüllt. Oft werden auch in einer Tätigkeit der Pfarrgemeinde mehrere Grundfunktionen gleichzeitig in unterschiedlicher Gewichtung sichtbar.

Anweisungskarte

1. Ordne den Grundfunktionen (1–4) die entsprechenden Bilder (A–D) zu!
2. Ordne die Erklärungstexte (a–d) zu!
3. Ordne die verschiedenen Einzeltätigkeiten (I–IV) der Kirche entsprechend zu!
4. ➪ Lies die biblischen Stellen (①–④) durch und ordne sie den entsprechenden Grundfunktionen zu!
5. ➪ Überlege, mit welchen Tätigkeiten der Kirche du persönlich schon in Berührung gekommen bist. Zu welchem Aufgabenbereich (Grundfunktion) der Kirche gehören sie?
6. ➪➪ Suche in der Bibel die folgenden Schriftstellen, die vom Leben der ersten Christen berichten. Von welchen Grundfunktionen wird jeweils berichtet? (Apg 2,44; Apg 2,45; Apg 2,46; Apg 4,33).
7. ☞ Gestalte aus Ton (Holz, Gips …) ein Kreuz mit gleich langen Balken. Forme in der Mitte ein Symbol für Christus und an den vier Seiten die Symbole der Grundfunktionen der Kirche!
8. ☞ Klebe aus Bildern und Überschriften von Kirchenzeitungen eine Collage, die die Hauptaufgaben der Kirche zeigt!

1

Gottesdienst

A

2

Verkündigungsdienst

D

3

Geschwisterdienst

C

4

Gemeinschaftsdienst

B

d

Die Gläubigen kommen zusammen, um zu beten, zu singen und zu feiern. Sie loben Gott und danken ihm für seine Begleitung. Sie erinnern sich an das Letzte Abendmahl, bedenken Leben, Leiden, Sterben und Auferstehung Jesu und erhalten Stärkung für ihren Alltag. Dies ist die wichtigste Grundfunktion, die anderen schöpfen daraus ihre Kraft.

II

Hochamt
Messe
Prozession
Tauffeier
Andacht
Rosenkranz
Requiem

b

Das Wort Gottes, wie es in der Bibel dargelegt ist, muss den Menschen verkündet werden. Es braucht darüber hinaus viele Gespräche und Erklärungen, damit die Menschen auch verstehen, was sie gehört oder gelesen haben. Nur so kann Gottes Wort im alltäglichen Leben wirksam werden und sich weiter ausbreiten.

IV

Lesung
Predigt
Bibelkreis
Religionsunterricht
Kommuniongruppe
Vorträge
Bibelwoche

a

Die Not anderer Menschen kann den Christen nicht gleichgültig sein. Nach dem Vorbild Jesu versuchen sie Nächstenliebe bei den Hilfsbedürftigen zu üben. Als Einzelne oder in verschiedenen Organisationen innerhalb der Kirche wollen sie den Menschen in ihrer leiblichen oder seelischen Not helfen.

I

Seelsorge
Caritas
Sozialstation
Missio
Adveniat
Misereor
Telefonseelsorge

c

„Ein Christ ist kein Christ", lautet ein bekanntes Sprichwort. Es drückt aus, dass ein Leben als Christ ohne die Gemeinschaft undenkbar ist. So wie der Mensch für eine gesunde seelische, geistige und auch körperliche Entwicklung andere Menschen benötigt, so braucht er diese auch für sein religiöses Leben. Im gegenseitigen Austausch entsteht ein unsichtbares Netz, das Glaube und Leben trägt.

III

Gebetskreis
Ministrantengruppe
Familienkreis
Gruppe der Alleinerziehenden
Kleinkindgruppe
Jugendgruppe
Seniorenkreis

③

Als die Stunde gekommen war, begab er (Jesus) sich mit den Aposteln zu Tisch. Und er sagte zu ihnen: Ich habe mich sehr danach gesehnt, vor meinem Leiden dieses Paschamahl mit euch zu essen. Denn ich sage euch: Ich werde es nicht mehr essen, bis das Mahl seine Erfüllung findet im Reich Gottes. Und er nahm den Kelch, sprach das Dankgebet und sagte: Nehmt den Wein und verteilt ihn untereinander! Denn ich sage euch: Von nun an werde ich nicht mehr von der Frucht des Weinstockes trinken, bis das Reich Gottes kommt.
Und er nahm das Brot, sprach das Dankgebet, brach das Brot und reichte es ihnen mit den Worten: Das ist mein Leib, der für euch hingegeben wird. Tut dies zu meinem Gedächtnis! Ebenso nahm er nach dem Mahl den Kelch und sagte: Dieser Kelch ist der Neue Bund in meinem Blut, das für euch vergossen wird. (Lk 22,14–20)

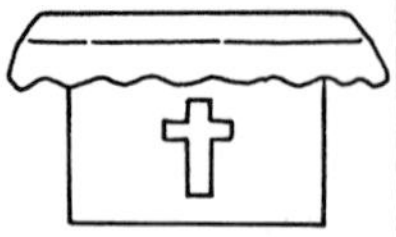

②

Jesus kehrte, erfüllt von der Kraft des Geistes, nach Galiläa zurück. Und die Kunde von ihm verbreitete sich in der ganzen Gegend. Er lehrte in den Synagogen und wurde von allen gepriesen. So kam er auch nach Nazaret, wo er aufgewachsen war, und ging, wie gewohnt, am Sabbat in die Synagoge. Als er aufstand, um aus der Schrift vorzulesen, reichte man ihm das Buch des Propheten Jesaja. Er schlug das Buch auf und fand die Stelle, wo es heißt: *Der Geist des Herrn ruht auf mir, denn der Herr hat mich gesalbt. Er hat mich gesandt, damit ich den Armen eine gute Nachricht bringe; damit ich den Gefangenen die Entlassung verkünde und den Blinden das Augenlicht; damit ich die Zerschlagenen in Freiheit setze und ein Gnadenjahr des Herrn ausrufe.* Dann schloss er das Buch und gab es dem Synagogendiener und setzte sich. Die Augen aller in der Synagoge waren auf ihn gerichtet. Da begann er ihnen darzulegen: Heute hat sich das Schriftwort, das ihr eben gehört habt, erfüllt. Seine Rede fand bei allen Beifall; sie staunten darüber, wie begnadet er redete, und sagten: Ist das nicht der Sohn Josefs? (Lk 4,14–22)

④

Sie verließen die Synagoge und gingen zusammen mit Jakobus und Johannes gleich in das Haus des Simon und Andreas. Die Schwiegermutter des Simon lag mit Fieber im Bett. Sie sprachen mit Jesus über sie, und er ging zu ihr, fasste sie an der Hand und richtete sie auf. Da wich das Fieber von ihr, und sie sorgte für sie.
Am Abend, als die Sonne untergegangen war, brachte man alle Kranken und Besessenen zu Jesus. Die ganze Stadt war vor der Haustür versammelt, und er heilte viele, die an allen möglichen Krankheiten litten und trieb viele Dämonen aus.
(Mk 1,29–34)

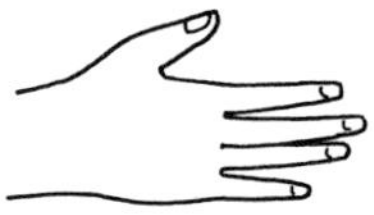

①

In der folgenden Zeit wanderte er von Stadt zu Stadt und von Dorf zu Dorf und verkündete das Evangelium vom Reich Gottes. Die Zwölf begleiteten ihn, außerdem einige Frauen, die er von bösen Geistern und von Krankheiten geheilt hatte:
Maria Magdalene, aus der sieben Dämonen ausgefahren waren, Johanna, die Frau des Chuzas, eines Beamten des Herodes, Susanna und viele andere. Sie alle unterstützten Jesus mit dem, was sie besaßen. (Lk 8,1–3)

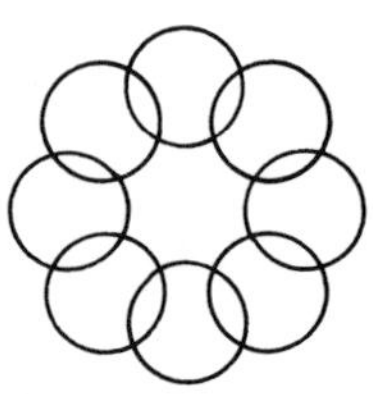

Übersichtskarte

Die Pfarrkirche

Die Pfarrkirche ist das vom Bischof geweihte Gotteshaus in der Gemeinde. In ihr kommen die Gläubigen zusammen und feiern Gottesdienst.
Die ersten Christen hatten noch keine Kirchen, sie trafen sich in Privathäusern. Dort versammelten sie sich um einen Familientisch, so wie es Jesus mit seinen Jüngern im Abendmahlssaal getan hatte.
Im Laufe der Zeit stieg die Zahl der Christen und es wurden größere Gebäude gebaut. Je nach Entstehungszeit und Baustil sind sie in bestimmter Weise ausgestaltet und verziert.
Auch wenn die kleine Dorfkirche sich vom großen Dom in vielem unterscheidet, so sind die Gegenstände, die in einer Kirche zu sehen sind, doch im Wesentlichen die gleichen. Wer ihre Namen und deren Bedeutung kennt, kann den Gottesdienst besser mitfeiern und die Kirche kann mehr und mehr zu seiner Heimat werden.

Anweisungskarte

1. Ordne die Namenskärtchen (1–6) den Bildkärtchen (A–F) zu!
2. Ordne die Erklärungskärtchen (a–f) zu!
3. Ordne ebenso die Kärtchen 7–12, G–L und g–l.
4. Ordne ebenso die Kärtchen 13–18, M–R und m–r.
5. Ordne die ausführlichen Erklärungen den Namenskärtchen zu!
6. Zeichne aus dem Gedächtnis eine Kirche, die du gut kennst. Wie schauen die einzelnen Gegenstände aus, wie sind sie angeordnet?
7. Stell dir vor, du wärest ein Baumeister, der eine neue Kirche planen soll. Skizziere den Grundriss und ordne die einzelnen Gegenstände sinnvoll an!
8. Baue eine Kirche aus Papier (Bauklötzen, Legosteinen, Holz)!

1

Altar

A

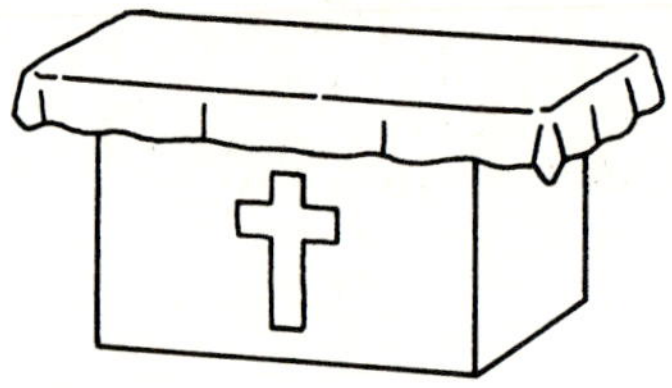

a

Tisch für die Feier des Gottesdienstes; Sinnbild Christi

2

Tabernakel

C

e

Kästchen zur Aufbewahrung der geweihten Hostien

3

Ewiges Licht

E

c

Rote Öllampe, die auf die Anwesenheit des Leibes Christi in Gestalt des Brotes hinweist

4

Ambo

B

d

Pult für die Lesungen aus der Bibel

5

Kreuz

D

b

Grundsymbol der Christen; Erinnerung an Jesu Tod und Auferstehung

6

Bänke

F

f

Plätze für die Gläubigen

7

Osterkerze

H

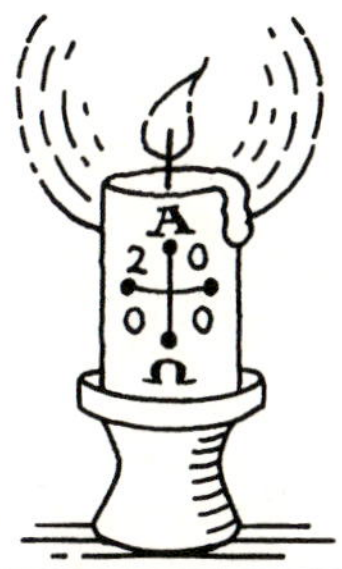

h

Erinnerungszeichen an die Auferstehung Jesu, an Ostern

8

Taufstein

J

i

Hier wird die Taufe gespendet. Der Täufling wird in die Gemeinschaft der Kirche aufgenommen.

9

Heiligenfiguren

I

j

Statuen von Menschen, die uns Vorbilder im Glauben sein können.

10

Kreuzweg-bilder

K

l

Vierzehn Bilder, die von der Leidensgeschichte Jesu erzählen

11

Orgel

G

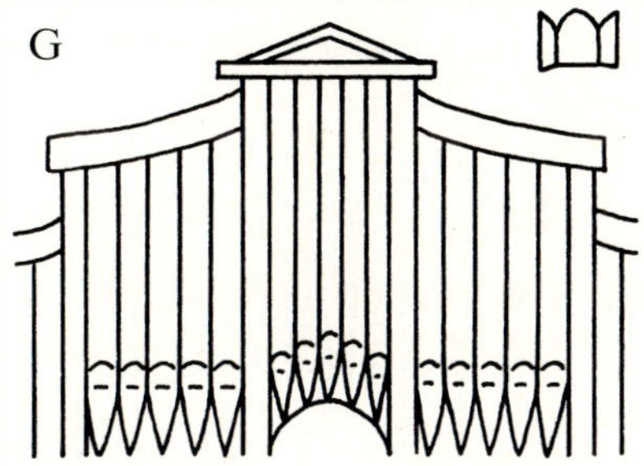

g

Pfeifeninstrument für die Kirchenmusik

12

Beichtstuhl

L

k

Dreiteiliges Gehäuse zum Empfang des Bußsakraments

13 **Weihwasser-becken**	N 	p Behälter für geweihtes Wasser; Zeichen der Erinnerung an die Taufe
14 **Priestersitz**	P 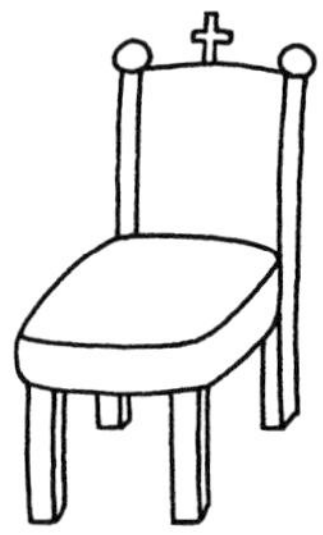	n Platz für den Priester, der den Gottesdienst leitet
15 **Kerzen**	M 	o Zeichen für Gottes Liebe und Wärme. Ihr Licht verbreitet festliche Stimmung.
16 **Blumen**	O 	m Zeichen für Leben und Freude. Sie schmücken den Raum.
17 **Apostelleuchter, Apostelkreuze**	R 	q Erinnerung an die zwölf Apostel, den Ursprung der Kirche
18 **Stufen**	Q 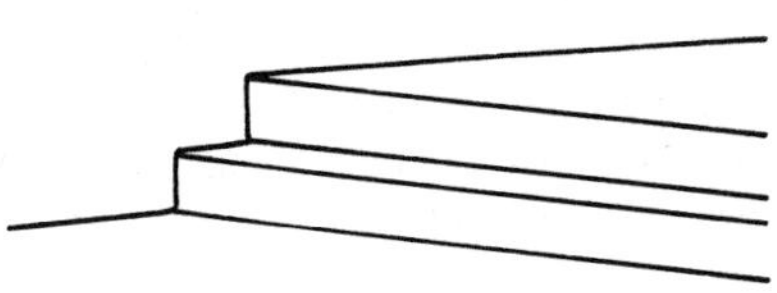	r Abtrennung zwischen dem Altarraum und dem Gemeindebereich

①

Er ist der Mittelpunkt des Gotteshauses. Um ihn versammeln sich die Gläubigen, um des Todes und der Auferstehung Jesu im Mahl zu gedenken.
In anderen Religionen ist dies die Kultstätte, an der man der Gottheit Opfer, z. B. Tiere und Feldfrüchte, darbringt. Im Christentum ist er tischartig und erinnert an das Letzte Abendmahl Jesu. Im Laufe der Zeit wurde aus dem Tisch, an dem Jesus seinen Jüngern zugewandt war, ein prachtvoller Aufbau, vor allem in der Gotik und Barockzeit. Der Priester las mit dem Rücken zur Gemeinde in lateinischer Sprache die Messe. Seit dem II. Vatikanischen Konzil wird die Tischform wieder mehr betont und der Priester feiert die Messe der Gemeinde zugewandt und spricht die Gebete in deren Muttersprache.

③

Dieses Kästchen (lateinisch bedeutet der Begriff „Zelt“) steht meistens an zentraler Stelle in der Nähe des Altars und ist oft aus wertvollem Material gearbeitet. In ihm werden die geweihten (konsekrierten) Hostien aufbewahrt. In der Gestalt des Brotes ist so Jesus Christus für die Gläubigen gegenwärtig.
Die ersten Christen brachten das heilige Brot, das beim Gottesdienst übrig geblieben war, den Kranken. In späterer Zeit wurde es in wertvollen Kästchen aufbewahrt. Die katholischen Christen verehren es heute besonders in der Monstranz (Zeigegerät) bei der Anbetung und beim Fronleichnamsumzug.

④

Die gläubigen Katholiken beten Christus im eucharistischen Brot an, das im Tabernakel aufbewahrt wird.
Als Zeichen für die Gegenwart Jesu in der heiligen Hostie brennt in der Nähe dieses Schreins eine rote Öllampe.
Schon im Alten Testament offenbarte sich Jahwe dem Mose am brennenden Dornbusch im Zeichen des Feuers.
So vermittelt dieses Licht auch heute den Gläubigen die Anwesenheit Gottes.

②

Neben dem „Tisch des Mahles“ spricht man in der Kirche auch vom „Tisch des Wortes“. Während am Altar Jesus in Gestalt von Brot und Wein gegenwärtig ist, ist er es hier im Wort, das vorgetragen wird.
Im Wortgottesdienst, dem ersten Teil der Messe, liest der Lektor die Lesung aus dem Alten Testament, der Apostelgeschichte, den Briefen oder der Offenbarung vor. Danach verkündet der Priester das Evangelium. In der Predigt legt er die vorgetragenen Texte den Gottesdienstbesuchern aus. Früher predigte er von der Kanzel herunter, heute steht er an diesem Lesepult vor der Gemeinde.

⑥

Dies ist das wichtigste und häufigste Symbol der Christen. Sie tragen es als Halsschmuck, haben es in ihren Wohnungen und auch im Gotteshaus ist es an zentraler Stelle. Es erinnert an Jesus Christus, der für die Menschen gelebt und gelitten hat, der für sie aus Liebe am Kreuz starb und von Gott zu neuem Leben erweckt wurde.
Während die ersten Christen sich scheuten, Jesus an diesem Marterwerkzeug darzustellen und lieber das Motiv des „guten Hirten“ wählten, kam im Laufe der Zeit dieses Zeichen immer mehr in den Vordergrund. Die bildliche Darstellung des Körpers von Jesus Christus reicht vom schmerzlich leidenden Knecht bis zum überlegenen Sieger und König.

⑤

Dies ist der Platz, an dem die Gläubigen sind. Hier können sie bei der Lesung sitzen, beim Evangelium stehen und während der Wandlung knien.
Die Jünger lagen während des Letzten Abendmahls zu Tische, wie es damals üblich war. Im Laufe der Geschichte gab es über lange Zeit keine Sitzplätze für die Gläubigen in der Kirche. Sie standen während des gesamten Gottesdienstes. Heute können die Gottesdienstbesucher, den einzelnen Teilen des Gottesdienstes entsprechend, abwechselnd sitzen, stehen und knien.

⑧

Sie ist eine besonders große Kerze mit verschiedenen Symbolen. Das Kreuz erinnert an Jesu Tod, die fünf Nägel an seine Wunden. Das Alpha ist der erste, das Omega der letzte Buchstabe des griechischen Alphabets. Sie drücken aus, dass Jesus unser Anfang und unser Ende ist. Zeichen der Auferstehung ist das Licht, das auf der Kerze brennt. Die Jahreszahl erinnert an das Jahr, an dem wir diesen Glauben bekannt und gefeiert haben.
In der Osternacht wird sie am Osterfeuer entzündet und feierlich in die Kirche getragen. Ihr Licht wird an alle weitergegeben. Mit ihr wird auch das Taufwasser geweiht. Sie brennt während der gesamten Osterzeit in allen Gottesdiensten und bei allen Taufen. Bei den Taufen wird die Taufkerze an dieser Kerze entzündet.

⑩

Er steht oft in der Nähe des Kircheneingangs in einer kleinen Seitenkapelle. Dies erinnert daran, dass die Taufe das Eingangstor in die Kirche ist. Wer getauft ist, gehört zur Gemeinschaft der Christen, ist ein Kind Gottes.
Während früher vor allem Erwachsene durch Untertauchen getauft wurden, werden bei uns heute meist kleine Kinder in ihren ersten Lebenstagen zur Taufe in die Kirche gebracht. Dort wird durch Übergießen mit geweihtem Wasser, Salbung mit heiligem Öl und entsprechenden Worten die Taufe gespendet. Der Täufling wird von aller Schuld befreit und erhält von Christus das neue Leben. Er wird in die Gemeinschaft der Kirche aufgenommen.
Oft ist das Becken für die Taufe mit entsprechenden Symbolen verziert: Christuszeichen, Taube, Lebensbaum und Fisch.

⑪

Viele Menschen haben Vorbilder: Sportler, Sänger oder Politiker. Die Kirche stellt den Christen durch Figuren und Bilder Menschen vor Augen, die in vorbildlicher Weise gottgefällig gelebt haben. Manche waren große Beter, andere geniale Denker, wieder andere übten tätige Nächstenliebe. Unter ihnen waren einfache Knechte und überragende Könige, zurückgezogene Einsiedler und große Frauen und Männer, die die Geschichte der Welt mitprägten. Viele von ihnen gaben ihr Leben für den Glauben (Märtyrer). Sie alle wurden von der Kirche heiliggesprochen und dadurch zur „Ehre der Altäre" erhoben. So stehen nun die „Freunde Gottes" in den Kirchen und ihr Vorbild prägt auch die Christen unserer Tage.

⑦

Nach den Kreuzzügen und Pilgerfahrten ins Heilige Land entstand im 14. Jahrhundert allmählich eine Frömmigkeit, die dem Leiden Jesu besondere Beachtung schenkte. Im 16. Jahrhundert wurden dann die ursprünglich 7 Fälle Jesu auf 14 Stationen erweitert. Zunehmend verlagerte man die bildliche Darstellung in den Innenraum der Kirche, so dass wir heute in nahezu allen Kirchen die Abfolge der Leidensgeschichte Jesu in Bildern oder Reliefs nachvollziehen können. Betend und betrachtend schöpfen viele Gläubige aus diesen Bildern Mut und Kraft, um ihren persönlichen Leidensweg weiter gehen zu können.

⑨

Der Organist spielt damit instrumental, er begleitet den Gesang der Gemeinde oder des Chores. Dieses technische Gerät ist das mächtigste Blasinstrument und kann selbst große Räume mit seinem feierlichen Klangvolumen ausfüllen.
Dieses Instrument hat eine Geschichte, die bis in die Antike (2. Jh. vor Chr.) zurückreicht. Im 9. Jahrhundert kommt es ins Abendland und um 1300 ist es in fast allen größeren Kirchen vorhanden. Oft besteht es aus mehreren hundert Einzelpfeifen, die kunstvoll angeordnet sind und sich in die Gestaltung des Kirchenraumes gut einfügen. W. A. Mozart bezeichnet es als die „Königin der Instrumente".

⑫

In diesem meist dreiteiligen Holzgehäuse bekennen die Gläubigen vor dem Priester (Beichtvater) ihre Sünden und empfangen die Sündenvergebung. Im Mittelteil sitzt der Priester, in einem Seitenteil der Beichtende. Getrennt sind beide durch ein Gitter, durch das man sprechen kann. In vielen Kirchen gibt es heute ein Beichtzimmer, in dem der Sündenvergebung ein Beichtgespräch vorausgeht.

⑭

In den katholischen Kirchen findet sich in der Nähe des Einganges ein kleines Becken mit geweihtem Wasser. Die Gläubigen tauchen beim Betreten und Verlassen der Kirche ihre Fingerspitzen in das Weihwasser und machen ein Kreuzzeichen. Sie sprechen dabei die Worte: Im Namen des Vaters und des Sohnes und des heiligen Geistes. Amen. Durch diese rituelle Handlung reinigen sie sich innerlich, werden an ihre Taufe erinnert und segnen sich zugleich. Viele Gläubige haben Weihwasser auch in ihren Häusern, in der Nähe der Eingangstüre oder im Schlafzimmer. So stellen sie ihr Gehen und Ruhen unter den Schutz Gottes.

⑬

Im Altarraum befindet sich ein besonderer Stuhl für den Vorsteher des Gottesdienstes und Leiter der Gemeinde. Diesen Sitz nimmt der Priester (griechisch: presbyter = Ältester) ein. Er allein darf die Worte der Wandlung sprechen und so die Eucharistiefeier vollziehen.

⑯

In ihrem Licht können die Gläubigen ein Symbol für Christus sehen, der Liebe und Wärme gibt. In vorchristlichen Zeiten wurde das Anzünden von Kerzen im Bereich des Totenkultes verwendet, um Dämonen zu vertreiben. Später entwickelte sich über das byzantinische Hofzeremoniell der Gebrauch von Kerzen beim Einzug zum Papstgottesdienst. Hieraus entstand in der ganzen Westkirche der Brauch, bei Messfeiern brennende Kerzen um den Altar beziehungsweise auf ihn zu stellen. Sie verleihen dem ganzen Raum eine festliche, erhebende Stimmung.

⑮

Diese bunten Blüten erinnern an die Fülle der Gaben, die Gott in der Schöpfung den Menschen geschenkt hat. Sie sind Zeichen der Lebensfülle und der Freude. Nicht nur die Menschen, sondern die ganze Natur in ihrer Schönheit und Pracht verherrlichen Gott, der die Welt mit ihren Wundern erdacht und geschaffen, der sie erhält und einst vollenden wird.

⑱

Zur Erinnerung an die zwölf Jünger Jesu sind zwölf Kerzen und zwölf Kreuze in den Kirchen angebracht. Jesus sandte die Jünger aus (Apostel = Sendbote), um seine Botschaft in Wort und Tat zu den Menschen zu bringen. Ihre Namen lauten: Simon Petrus, Andreas, Jakobus (Zebädeus), Johannes, Philippus, Bartholomäus, Thomas, Matthäus, Jakobus (Alphäus), Judas (Taddäus), Simon (Kananäus) und Matthias, der später für Judas Iskariot gewählt wurde. Die Zwölf sind das Fundament, auf dem unser Glaube ruht.

⑰

Der Altarraum ist durch eine oder mehrere von ihnen vom Kirchenraum abgetrennt. Dies soll zum Ausdruck bringen, dass der Altarbereich ein anderer, außergewöhnlicher, ein höherer, ein heiliger Platz ist. An ihm soll man sich besonders würdig verhalten.
Bei der Erscheinung Gottes am brennenden Dornbusch spricht Gott zu Mose: Leg deine Schuhe ab, denn der Ort, wo du stehst, ist heiliger Boden. Natürlich behalten die Christen im Altarraum die Schuhe an, aber dennoch soll ihnen bewusst sein, dass dies ein Platz ist, an dem sie besonders ehrfürchtig sein sollen.

Übersichtskarte

Liturgische Begriffe

Rund um den Gottesdienst, der auch als Liturgie (griechisch: „Dienst für das Volk"), bezeichnet wird, gibt es viele verschiedene Gegenstände, Geräte, Gewänder, Farben, Ämter und Dienste. Diese werden mit Begriffen bezeichnet, die meist aus dem Lateinischen oder Griechischen stammen. Wer die Namen und ihre Bedeutung kennt, versteht den Gottesdienst besser und kann ihn lebendiger mitvollziehen.

Anweisungskarte

1. Ordne den Begriffen der liturgischen Gegenstände (1–5) die Bilder (A–E) zu!
2. Ordne den Begriffen und Bildern die Erklärungen (a–e) zu!
3. Ordne den liturgischen Kleidungsstücken (6–10) die Bilder (F–J) und Erklärungen (f–j) zu!
4. Ordne den Ämtern (11–15) die Bilder (K–O) und Erklärungen (k–o) zu!
5. Ordne den liturgischen Farben (16–20) die Bilder (P–T) und Erklärungen (p–t) zu!
6. Ordne den heiligen Zeichen (21–25) die Bilder (U–Y) und Erklärungen (u–y) zu!
7. Ordne den liturgischen Diensten (26–30) die Bilder (Z–AD) und Erklärungen (z–ad) zu!
8. Erinnere dich an einige Dinge aus deiner Kirche. Wie sehen sie aus? Versuche sie möglichst genau zu malen.
9. Stell dir vor, du wärest ein Künstler und bekämst den Auftrag, ein Messgewand zu einem bestimmten Fest, eine Monstranz oder den Umschlag für ein Lektionar zu entwerfen. Zeichne verschiedene Entwürfe!

1

Hostienschale

A

b

Sie wird auch Patene genannt. In ihr liegen die Hostien, die während der Messe in den „Leib Christi“ verwandelt werden. Hostie heißt übersetzt Opfergabe.

2

Kelch

D

a

In ihn wird der Wein gefüllt, der in der Messe in das „Blut Christi“ verwandelt wird.

3

Monstranz

C

d

Die konsekrierte Hostie wird an hohen Festtagen in diesem Zeigegerät den Gläubigen zur Anbetung aufgestellt. In der Fronleichnamsprozession wird sie mitgetragen.

4

Lektionar

E

c

Aus ihm werden die Lesungen aus dem Alten und Neuen Testament vorgelesen, ebenso das Evangelium.

5

Weihrauchfass

B

e

An hohen Festtagen schwingen die Ministranten dieses Gerät, aus dem Rauch aufsteigt. Der Rauch ist ein Sinnbild für das aufsteigende Gebet.

6

Messgewand

F

h

Dieses Obergewand trägt der Priester beim Gottesdienst.
Häufig ist es reich verziert. Je nach Festzeit hat es eine bestimmte Farbe. Es wird auch Kasel genannt.

7

Stola

H

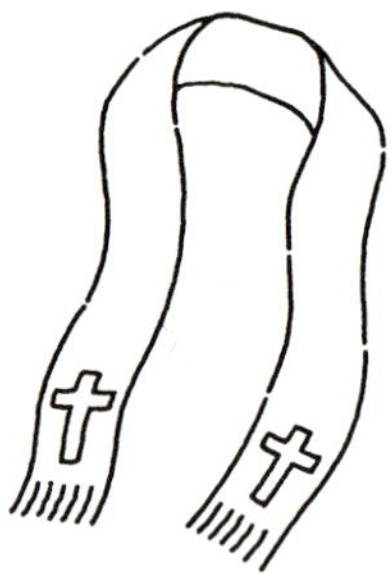

f

Dieses lange, schmale Stoffband legt sich der Geistliche um, bevor er als Priester handelt, z. B. Messe feiert, Beichte hört oder ein Haus segnet. Es ist sein Amtszeichen.

8

Albe

I

g

Langes weißes Untergewand, das der Priester unter dem Messgewand trägt.

9

Schultertuch

G

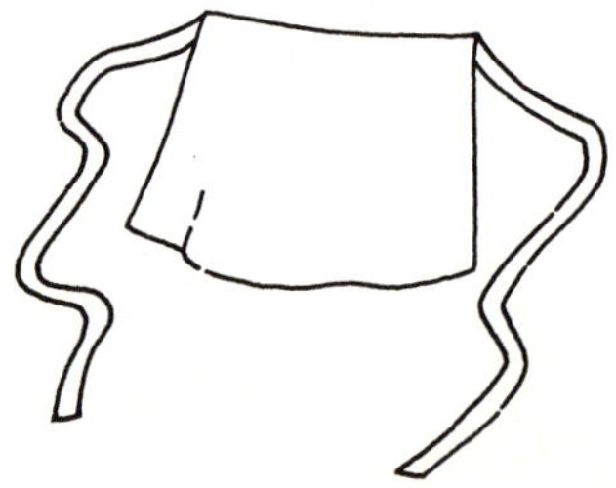

j

Unter der Albe trägt der Priester dieses Tuch über der Schulter. Es ist ein rechteckiger weißer Stoff mit zwei Bändern.

10

Zingulum

J

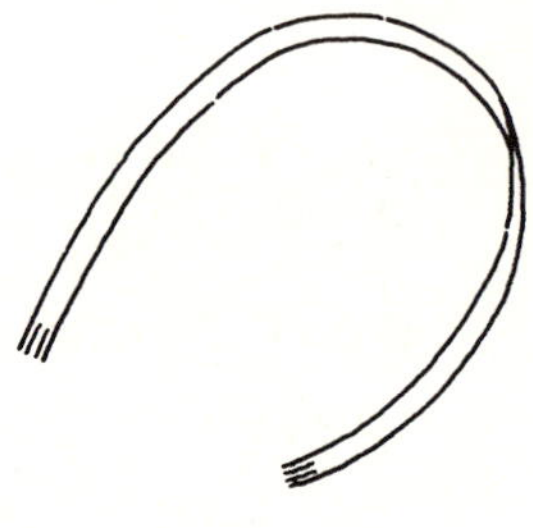

i

Dies ist ein Gürtel, den der Priester über das Untergewand (Albe) anlegt.

11

Diakon

K

n

Er darf die Taufe spenden, predigen und beerdigen, aber nicht die Eucharistie alleine feiern. Er trägt die Stola quer über der Brust. Er kann auch verheiratet sein.

12

Kaplan

N

k

Priester, der (noch) keine Gemeinde leitet, aber durch Studium und Weihe alle Befugnisse des priesterlichen Amtes hat.

13

Pfarrer

L

m

Er ist ein vom Bischof geweihter Priester, der der Gemeinde vorsteht, ihr dient und sie leitet.

14

Dekan

M

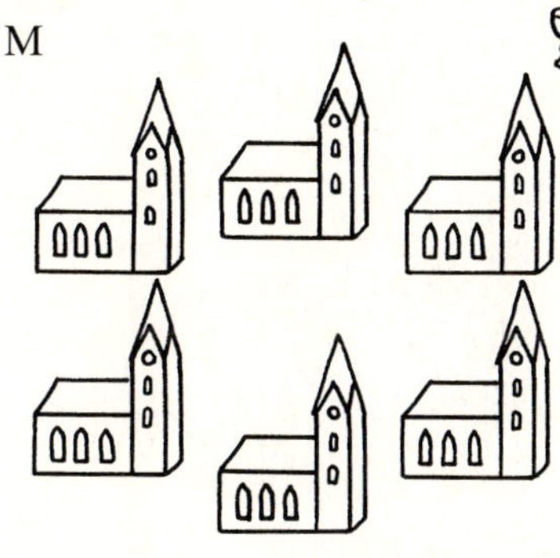

l

Mehrere Pfarrgemeinden sind zu einem Dekanat zusammengeschlossen. Dieser Priester leitet das Dekanat.

15

Bischof

O

o

Viele Dekanate bilden ein Bistum (Diözese).
Er ist der Leiter. Sein Stab erinnert an sein Hirtenamt. Er trägt bei Gottesdiensten die Bischofsmütze (Mitra) als Zeichen seines Amtes.

16

weiß

P

t

Diese Farbe ist ein Zeichen der Freude und Reinheit. Sie wird an hohen Festtagen (Weihnachten, Ostern) getragen, ebenso bei Taufe, Erstkommunion und Hochzeit.

17

grün

S

p

Dies ist die Farbe des Lebens und der Hoffnung. An normalen Tagen, an denen kein besonderes Fest oder Gedenken ist, haben die Messgewänder diese Farbe.

18

schwarz

T

r

Dies ist die Farbe der Trauer. Sie wird bei der Totenmesse (Requiem), bei Beerdigungen und an Allerseelen getragen.

19

violett

Q

s

Dies ist die Farbe der Buße, der Vorbereitung, des Wartens auf Heilung. Priester und Ministranten tragen sie in der Adventszeit, der Fastenzeit und bei Beerdigungen.

20

rot

R

q

Dies ist die Farbe des Feuers und des Blutes, der Liebe und der Kraft. Sie wird an Pfingsten, am Karfreitag und bei Märtyrerfesten getragen.

21

Brot (Hostie)

U

x

Kleines, rundes, weißes Brot, das wie eine Oblate aussieht. Beim Sprechen der Einsetzungsworte durch den Priester wird bei der Wandlung in diesem Brot Christus vergegenwärtigt.

22

Wein

W

u

Ebenso wie beim Brot wird beim Sprechen der Einsetzungsworte durch den Priester bei der Wandlung im Wein Christus vergegenwärtigt.

23

Heiliges Öl

V

v

Salböl aus Olivenöl und Balsam, das vom Bischof geweiht ist. Es wird bei Taufe, Firmung, Priesterweihe und bei der Altarweihe verwendet.

24

Weihwasser

Y

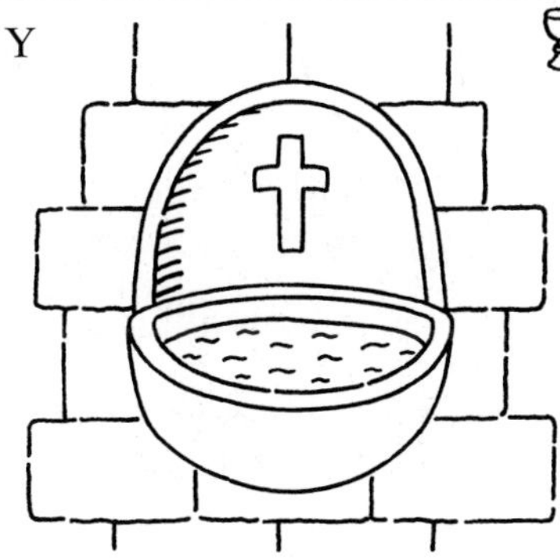

w

Das Besprengen mit geweihtem Wasser ist ein besonderes Zeichen, das innerlich reinigt, an die Taufe erinnert und Segen bringt.

25

Weihrauch

X

y

Wenn bestimmte Harze entzündet werden, steigen duftende Rauchwolken auf. Im Gottesdienst sollen sie ein Zeichen des Aufsteigens der Gebete und der Heiligung sein.

26

Ministranten

Z

aa

Jungen und Mädchen, die als AltardienerInnen dem Priester bei der Messe und anderen Gottesdiensten helfen und zur feierlichen Gestaltung beitragen.

27

Organist

AA

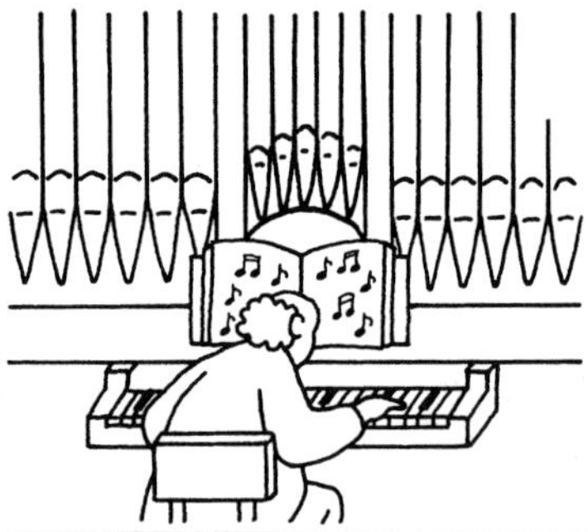

ac

Er spielt die Orgel und begleitet den Gesang der Gemeinde.

28

Lektor

AC

z

Er liest die Lesungen des Wortgottesdienstes und oft auch die Fürbitten vor.

29

Kommunion-helfer

AB

ad

Er teilt in der Messe den im Brot vergegenwärtigten Leib Christi aus.

30

Kirchenchor

AD

ab

Er gestaltet die Kirchenmusik mit mehrstimmigem Gesang bei festlichen Gottesdiensten.

Übersichtskarte

Das Kirchenjahr

Schon bald nach der Auferstehung Jesu feierten die ersten Christen den Sonntag als den Tag der Erinnerung an die Auferstehung.
Später wurden wichtige Ereignisse aus dem Leben Jesu, aber auch der Heiligen, über das Jahr verteilt gefeiert. So hat sich im Laufe der Zeit eine gleich bleibende Reihenfolge der Feste herausgebildet. Man nennt sie das „Jahr des Herrn“ oder das „Kirchenjahr“.
Es beginnt mit dem ersten Advent und endet mit dem Christkönigsfest, Höhepunkt aller Feiertage ist das Osterfest.
Viele volkstümliche Bräuche helfen mit, dass die jeweiligen Feste von den Menschen besonders eindrucksvoll und froh machend erlebt werden.

Anweisungskarte

1. Ordne die Feste (1–6) in der richtigen Reihenfolge, beginne mit dem 1. Advent!
2. Ordne die Bilder (A–F) zu!
3. Ordne die Erklärungen (a–f) zu!
4. Ordne ebenso die Feste, Bilder und Erklärungen im Teil 2 (7–12, G–L, g–l)!
5. Ordne ebenso die Feste, Bilder und Erklärungen im Teil 3 (13–18, M–R, m–r)!
6. ➪ Ordne den Festen ihren Zeitpunkt im Kirchenjahr (römische Zahlen) zu!
7. ➪➪ Lies im Gotteslob über das Kirchenjahr (Nr. 101) nach. Versuche zu allen wichtigen Festen im Gotteslob ein passendes Lied zu finden. Welche Bräuche fallen dir zu den Festen ein?
8. ➪➪ Schaue in einem Kalender nach. An welchem Tag werden in diesem Jahr die jeweiligen Feste gefeiert?
9. ☞ Bastle eine „Kirchenjahresuhr“. Klebe die Bilder und Namen der Feste in Kreisform auf ein Plakat. Beginne oben mit dem 1. Advent. Bringe in der Mitte einen beweglichen Zeiger an, damit du jeweils das entsprechende Fest im Laufe des Jahres anzeigen kannst.

1

1. Advent

A

a

Beginn des Kirchenjahres. Anfang der vierwöchigen Wartezeit auf die Geburt des Erlösers.

5

Heiliger Nikolaus

D

c

Dieser Gedenktag ist zu Ehren eines beliebten Heiligen. Er erinnert an die Güte Gottes und mahnt uns zur Nächstenliebe.

4

Weihnachten

C

b

Wir feiern die Ankunft des Erlösers. Geburtstagsfest Jesu.

2

Erscheinung des Herrn

B

d

Die Weisen (genannt: Heilige Drei Könige) kommen zur Krippe. Jesus erscheint den Vertretern der damaligen Welt.

3

Aschermittwoch

F

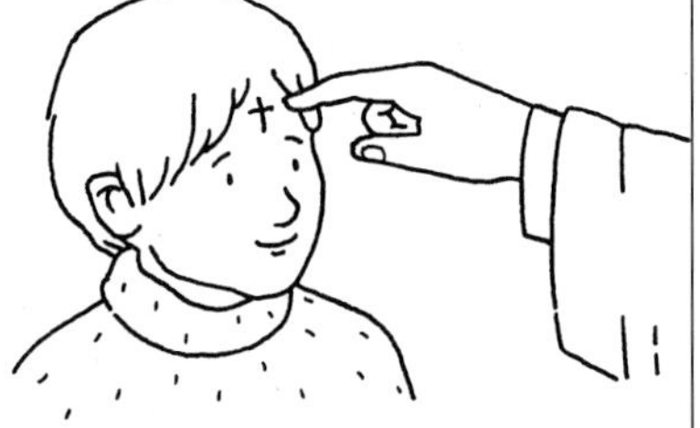

f

Erinnerung an die Vergänglichkeit (Asche) des Lebens und Aufforderung zur Umkehr.

6

Palmsonntag

E

e

Jesus zog auf einem Esel in Jerusalem ein. Das Volk jubelte ihm mit Palmzweigen zu.

7

**Grün-
donnerstag**

G

g

Wir erinnern uns an das Letzte Abendmahl und die Fußwaschung.

9

Karfreitag

I

i

Wir erinnern uns an den Leidensweg und Kreuzestod Jesu.

8

Ostern

H

h

Hauptfest des Glaubens und Mitte des Kirchenjahres. Wir erinnern uns an die Auferstehung Jesu.

10

**Christi
Himmelfahrt**

J

k

Jesus kehrt zu seinem Vater in den Himmel zurück.

12

Pfingsten

L

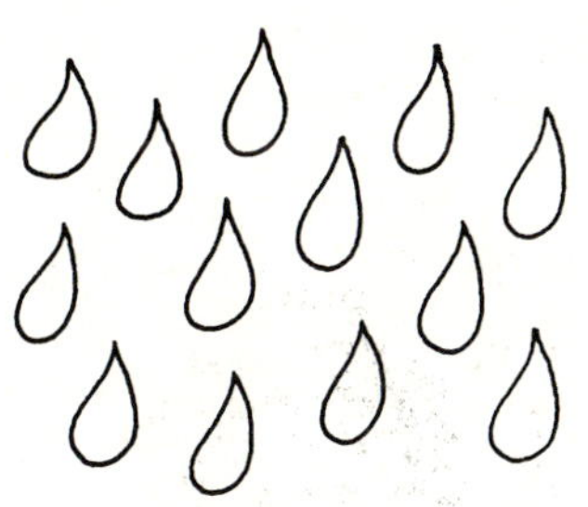

j

Der Heilige Geist kommt zu den Jüngern wie Feuer und Sturm. Er gibt ihnen Kraft und Mut.

11

Fronleichnam

K

l

Der im Brot vergegenwärtigte Christus wird in der Monstranz feierlich durch die Straßen getragen.

⑬

Mariä Himmelfahrt

M

m

Wir denken daran, dass Maria von Gott in den Himmel aufgenommen wurde.

⑯

Erntedank

N

p

Wir danken Gott für die Ernte des Jahres.

⑮

Kirchweih

R

n

Wir erinnern uns an den Weihetag der Kirche.

⑭

Allerheiligen

P

o

Wir denken an alle Heiligen im Himmel und ehren sie.

⑱

Allerseelen

O

q

Wir beten an den Gräbern für die Verstorbenen.

⑰

Christkönig

Q

r

Am Ende der Zeiten wird Christus als König wiederkommen und die Welt richten. Letzter Sonntag im Kirchenjahr.

I

Vier Sonntage vor Weihnachten

VII

Donnerstag vor Ostern

XIII

15. August

VI

6. Dezember

X

Freitag vor Ostern

XVI

1. Oktobersonntag

V

25./26. Dezember

IX

Sonntag nach dem ersten Frühlingsvollmond

XVII

3. Oktobersonntag

II

6. Januar

VIII

40 Tage nach Ostern

XV

1. November

IV

40 Tage vor Ostern

XII

50 Tage nach Ostern

XIV

2. November

III

Sonntag vor Ostern

XI

10 Tage nach Pfingsten

XVIII

Sonntag vor dem 1. Advent

Übersichtskarte

Der Kreuzweg

Der Kreuzweg ist eine Gebetsform, bei der den Gläubigen der Leidensweg Christi vor Augen geführt wird. Jesus geht mit seinem Kreuz vom Gerichtshof bis zur Kreuzigungsstätte. An vierzehn Orten bleiben die Betenden gleichsam stehen und betrachten das, was da geschehen ist und ihnen mit Worten oder im Bild vorgestellt wird.
In den meisten katholischen Kirchen sind an den Wänden diese vierzehn Stationen in Gemälden oder als Figuren dargestellt. Wer den Kreuzweg betrachtend und betend nachvollzieht, dem wird die Liebe Gottes zu den Menschen bewusst. Er wird Stärkung erfahren, den eigenen Leidensweg weiter zu gehen, hin zur Erlösung.
Wenn die Gläubigen den Kreuzweg beten, sprechen sie bei jeder Station: Wir beten dich an, Herr Jesus Christ, und preisen dich, denn durch dein heiliges Kreuz hast du die ganze Welt erlöst. Dann betrachten sie die jeweilige Station und sprechen danach: Wir danken dir, Herr Jesus Christ, dass du für uns gestorben bist. Ach lass dein Blut und deine Pein an uns doch nicht verloren sein.

✂--------------------------------

Anweisungskarte

1. Ordne den ersten Teil der Namen (a–g) den einzelnen Stationen (1–7) zu!
   Folgende Wörter helfen, die richtige Reihenfolge zu finden:
   anklagen, nehmen, fallen, begegnen, helfen, geben, wieder fallen;
2. Ordne die Bilder (A–G) zu!
3. Ordne den zweiten Teil der Namen (h–n) den einzelnen Stationen (8–14) zu!
   Die Hilfe für die richtige Reihenfolge:
   trauern, nochmals fallen, entkleiden, festmachen, sterben, herunternehmen, begraben;
4. Ordne die Bilder (H–N) zu!
5. ➪ Ordne die Erklärungen (I–XIV) zu!
6. ➪ Ordne die entsprechenden Vergleichspunkte (①–⑭) aus unserem Leben zu!
7. ➪➪ Lies den Kreuzweg im Gotteslob Nr. 775!
8. ➪➪ Lies in der Bibel die Leidensgeschichte eines Evangelisten (z. B. Mt 27,11–66) und vergleiche sie mit den 14 Kreuzwegstationen!
9. ☞ Male einen Kreuzweg ohne Personen, sondern nur mit einfachen Symbolen!
10. ☞ Betrachte die Kreuzwegstationen in deiner Heimatkirche und male eine, die dich besonders anspricht, möglichst genau ab!

1

1. Station

A

a

Jesus wird zum Tode verurteilt

2

2. Station

D

c

Jesus nimmt das Kreuz auf seine Schultern

3

3. Station

C

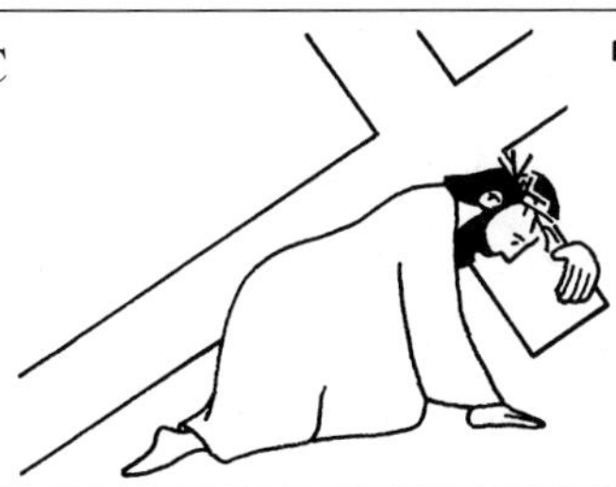

b

Jesus fällt zum ersten Mal unter dem Kreuz

4

4. Station

B

d

Jesus begegnet seiner Mutter

5

5. Station

F

e

Simon von Zyrene hilft Jesus das Kreuz tragen

6

6. Station

G

f

Veronika reicht Jesus das Schweißtuch

7

7. Station

E

g

Jesus fällt zum zweiten Mal unter dem Kreuz

8

8. Station

H

k

Jesus begegnet den weinenden Frauen

9

9. Station

K

h

Jesus fällt zum dritten Mal unter dem Kreuz

10

10. Station

J

i

Jesus wird seiner Kleider beraubt

11

11. Station

I

j

Jesus wird an das Kreuz genagelt

12

12. Station

M

n

Jesus stirbt am Kreuz

13

13. Station

N

m

Jesus wird vom Kreuz abgenommen und in den Schoß seiner Mutter gelegt

14

14. Station

L

l

Der heilige Leichnam Jesu wird in das Grab gelegt

I ✞

Der römische Statthalter Pontius Pilatus verurteilt Jesus zum Tod. Die religiösen Führer der Juden und das Volk haben ihn dazu gedrängt. Das Urteil ist ungerecht.

IV ✞

Nun muss Jesus das Kreuz nehmen und es selbst nach Golgota tragen. Dort wird er gekreuzigt werden. Freiwillig trägt er das Unabänderliche.

V ✞

Jesu Weg ist beschwerlich. Das Kreuz lastet hart auf seinen Schultern. Es drückt ihn zu Boden. Aber er steht wieder auf und geht weiter.

II ✞

Maria, die Mutter Jesu, steht am Weg, den ihr Sohn gehen muss. Sie sieht seine Qual und leidet mit ihm mit. Sie lässt ihn in seiner schwersten Stunde nicht allein. Sie ist bei ihm.

VI ✞

Jesus kann nicht mehr. Die Soldaten zwingen einen Mann, der gerade vom Feld kommt, Jesus das Kreuz zu tragen.

VII ✞

Jesus plagt sich unter der Last des Kreuzes. Während alle nur gaffen, geht eine Frau beherzt auf ihn zu und trocknet sein Gesicht ab. Im Tuch bleibt ein Abdruck seines Gesichtes aus Blut und Schweiß.

III ✞

Jesus wird schwächer. Er fällt zum zweiten Mal. Aber auch jetzt bleibt er nicht liegen, sondern steht wieder auf und trägt sein Kreuz weiter.

XIII ✞

Frauen stehen an der Straße. Sie sehen, wie Jesus leidet, und sie beginnen zu weinen. Jesus spricht zu ihnen: Weint nicht über mich, sondern weint über euch und eure Kinder.

XI ✞

Die Kräfte Jesu gehen anscheinend zu Ende. Nun fällt er zum dritten Mal. Er liegt ganz am Boden. Mit letzter Kraft steht er auf. Er trägt sein Kreuz bis zum bitteren Ende.

IX ✞

Die Soldaten reißen Jesus die Kleider vom Leib. Sie würfeln um sein Gewand, während Jesus schutzlos dem Gegaffe der Menge preisgegeben ist.

XII ✞

Nun wird Jesus am Kreuz festgenagelt. Es gibt kein Entkommen mehr. Die Schmerzen werden immer größer. Das Kreuz wird aufgerichtet.

XIV ✞

Jesus stirbt. Sein Leidensweg ist nun zu Ende. Sein Leben war das Letzte, was er den Menschen schenken konnte, um seine Liebe zu zeigen. Er gab sein Leben für uns.

X ✞

Jesus wird vom Kreuz abgenommen. Maria, seine Mutter, hält den toten Jesus auf ihrem Schoß. Wie viel Trauer muss in ihr gewesen sein? Hat sie jetzt noch Hoffnung?

VIII ✞

Der tote Körper von Jesus kommt in ein Felsengrab, das mit einem großen Rollstein verschlossen wird. Wie ein Weizenkorn, das man in die Erde legt, legt man ihn ins Grab. Das neue Leben wird kommen!

① ✝
Auch wir urteilen ungerecht über andere. Manchmal werden auch wir ungerecht verurteilt.

⑫ ✝
Auch wir könnten wie die Frauen weinen, weil es so viel Leid gibt. Doch was helfen den anderen die Tränen. Wir müssen auf uns schauen, wo wir Leiden verursachen und alles Ungute in uns verwandeln.

⑥ ✝
Auch wir haben Kreuze in unserem Leben: Krankheiten, Sorgen, Schmerzen. Auch wir wollen annehmen und mutig tragen, was unabänderlich ist.

⑬ ✝
Auch wir sind manchmal restlos am Boden zerstört. Wieder und wieder hat uns die Last der Sorgen zu Boden gedrückt. Wieder und wieder werden wir aufstehen. Niemals wollen wir andere zu Boden drücken.

③ ✝
Auch unsere Sorgen drücken uns zu Boden. Die Last scheint manchmal zu schwer zu sein. Aber wir werden wieder hochkommen.

⑨ ✝
Auch wir werden bloßgestellt und unsere Fehler kommen an die Öffentlichkeit. Auch wir stellen andere so hin, dass sie sich schämen.

② ✝
Auch wir sehen Leidende. Auch wir wollen sie nicht alleine lassen. Maria kann uns darin ein Vorbild sein. Gerade in den schwersten Tagen sollen unsere Lieben unsere Nähe spüren.

⑧ ✝
Auch wir nageln andere fest und fühlen uns selbst gefesselt an Menschen und Aufgaben. In Liebe wollen wir alles sehen und es dann tragen oder, wenn es möglich ist, verändern.

⑦ ✝
Auch wir können anderen helfen, ihr Kreuz zu tragen, selbst wenn sie Fremde sind. Wie froh sind wir, wenn jemand da ist, wenn uns unser Kreuz zu schwer wird.

⑩ ✝
Auch wir wollen so gerne für uns etwas zurückbehalten. Auch wir müssen einmal alles hergeben. Wir wollen im Leben gut sein und im Sterben alles in Gottes Hände geben.

⑤ ✝
Auch wir sollen den Bedürftigen reichen, was ihre Not lindert. Es ist oft nicht leicht, aus der Menge herauszutreten und mit einem weiten Herz und helfenden Händen auf Notleidende zuzugehen.

⑪ ✝
Auch wir stehen manchmal am Sarg eines lieben Menschen. Auch uns kommt der Gedanke, dass alles endgültig aus ist. Aber Gott ist ein Gott des Lebens!

④ ✝
Auch wir spüren, wie die Kräfte im Kampf gegen die Leiden nachlassen. Wieder drückt es uns zu Boden. Wir müssen wieder aufstehen.

⑭ ✝
Auch wir sehen, wie der Sarg eines Menschen in die Erde gesenkt wird. Wir vertrauen darauf, dass dies nicht das Ende, sondern der Anfang in einer neuen Welt bei Gott ist.

Übersichtskarte

Die sieben Sakramente

Die Sakramente sind heilige Zeichen der Kirche.
In ihnen wird, durch symbolische Handlungen, Gottes liebende Nähe für die Menschen sinnenhaft spürbar.
Sie haben Bezugspunkte zu den Worten und Taten Jesu und wurden in der Urkirche praktiziert. Sie bekamen aber erst im Laufe der Zeit die Form, die wir heute kennen.
Sie stehen an zentralen, entscheidenden Punkten (Knotenpunkten) des Lebens. Aber nur wer glaubt (vertraut), kann die heilende Wirkkraft der Sakramente erfahren.

✂

Anweisungskarte

1. Bringe die Namen der sieben Sakramente (1–7) in eine Reihenfolge, wie sie gewöhnlich im Lebensablauf gespendet werden!
2. Ordne die Bilder (A–G) den Namen zu, ebenso die Erklärungen (a–g)!
3. Ordne die Worte (I–VII), die bei der Sakramentenspendung gesprochen werden, den jeweiligen Sakramenten zu!
4. Ordne die Lebensknotenpunkte (①–⑦) den jeweiligen Sakramenten zu!
5. ➪ Ordne die Bezugspunkte aus den Evangelien den jeweiligen Sakramenten zu!
6. ➪ Ordne die Bezugspunkte aus dem Leben der ersten Christen den jeweiligen Sakramenten zu!
7. ➪➪ Lies im Gotteslob über eines der Sakramente genauer nach: z. B. GL 41, 42, 43, 51, 54, 76!
8. ☞ Bestimmt hast du schon erlebt, wie ein Sakrament gespendet wurde. Male auf einer Hälfte des Bildes, was du sehen konntest, versuche auf der anderen Hälfte der Seite zu malen, was innerlich, unsichtbar, durch Gott geschieht!
9. ☞ Male oder gestalte aus Tonpapier einen Lebensweg vom Anfang des Lebens bis zu seinem Ende. Füge entsprechende Symbole für die Sakramente ein!

1

Taufe

A

f

Alles Böse wird abgewaschen und ein neues Leben mit Gott beginnt. Nun gehört das Kind zur Kirche.

3

Buße

E

e

Gott befreit von der Last der Sünde und ermöglicht einen neuen Anfang.

2

Kommunion

C

g

Die Gläubigen bekommen Nahrung für ihre Seele. Sie verbinden sich mit Christus und untereinander.

5

Firmung

B

a

Gott nimmt den Jugendlichen an und stärkt ihn durch seine Kraft, den Heiligen Geist.

4

Ehe

D

d

Zwei Menschen werden vor Gott miteinander verbunden. Gott segnet ihren Bund.

7

Priesterweihe

G

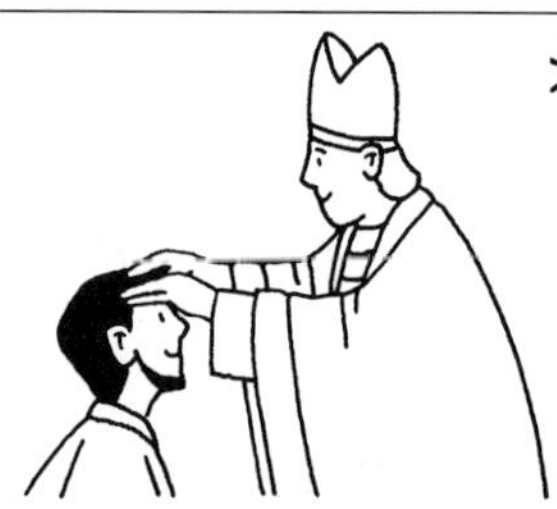

c

Der Priester wird von Gott in den Dienst genommen. Er bekommt Vollmacht für sein priesterliches Tun.

6

Kranken-salbung

F

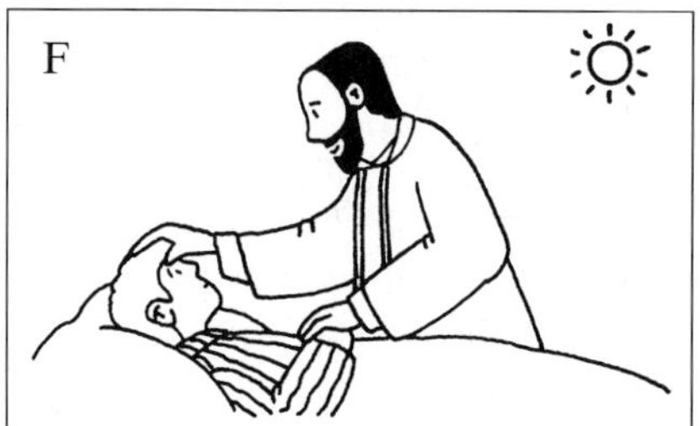

b

Christus stärkt den Kranken und begleitet ihn auch in dieser schweren Lebensstunde.

II

(Name), ich taufe dich im Namen des Vaters und des Sohnes und des Heiligen Geistes.

⑥

Die Geburt eines Kindes ist ein bedeutsames Ereignis. Eltern empfinden das Neugeborene als Geschenk. Sie werden auf eine höhere Macht verwiesen.

IV

Ich spreche dich los von deinen Sünden, im Namen des Vaters und des Sohnes und des Heiligen Geistes.

⑤

Menschen werden schuldig. Sie erfahren einen Tiefpunkt im Leben, für den sie selbst verantwortlich sind. Gibt es jemand, der ihnen verzeiht und ihnen trotz allem einen Neuanfang ermöglicht?

VI

Der Leib Christi

⑦

Im gemeinsamen Essen erfahren Menschen besonders dichte Momente ihres Lebens. Intensiver als sonst spüren sie die Lebensfreude, die Gemeinschaft und die Stärkung in ihrem Inneren.

VII

(Name), sei besiegelt durch die Gabe Gottes, den Heiligen Geist.

②

In allen Kulturen wissen Menschen, dass der Übergang vom Kind zum Erwachsenen eine entscheidende Wendemarke darstellt. In dieser Zeit der Verunsicherung braucht der Mensch mehr denn je Stärkung.

I

(Name), vor Gottes Angesicht, nehme ich dich an als meinen Mann: Trag diesen Ring als Zeichen der Liebe und Treue. Im Namen des Vaters ...

③

Zwei Menschen, die sich versprechen, ihr Leben künftig zusammen zu verbringen, befinden sich an einer lebensprägenden Schnittstelle.

III

Segne, heilige und weihe deinen Diener, den du erwählt hast.

①

Ein junger Mann, der sich entscheidet, sein Leben ganz in den Dienst Gottes zu stellen, steht an einem zentralen Knotenpunkt seines Lebens.

V

Durch diese heilige Salbung helfe dir der Herr in seinem reichen Erbarmen, er stehe dir bei mit der Kraft des Heiligen Geistes.

④

In der schweren Krankheit wird dem Menschen besonders deutlich, dass seine Macht eingeschränkt und sein Leben begrenzt ist. Er ist auf Hilfe angewiesen.

AA

Da trat Jesus auf sie (die elf Jünger) zu und sagte zu ihnen: Mir ist alle Macht gegeben im Himmel und auf der Erde. Darum geht zu allen Völkern und macht alle Menschen zu meinen Jüngern; tauft sie auf den Namen des Vaters und des Sohnes und des Heiligen Geistes und lehrt sie alles zu befolgen, was ich euch geboten habe ... (Mt 28,18–20)

AC

Wem ihr die Sünden vergebt, dem sind sie vergeben; wem ihr die Vergebung verweigert, dem ist sie verweigert. (Joh 20,23)

AD

Und er nahm Brot, sprach das Dankgebet, brach das Brot und reichte es ihnen mit den Worten: Das ist mein Leib, der für euch hingegeben wird. Tut dies zu meinem Gedächtnis. Ebenso nahm er nach dem Mahl den Kelch und sagte: Dieser Kelch ist der neue Bund in meinem Blut, das für euch vergossen wird. (Lk 22,19 f.)

AG

Und ich werde den Vater bitten und er wird euch einen anderen Beistand geben, der für immer bei euch bleiben soll. (Joh 14,16)
Der Beistand aber, der Heilige Geist, den der Vater in meinem Namen senden wird, der wird euch alles lehren und euch an alles erinnern, was ich euch gesagt habe. (Joh 14,26)

AB

Sie sind also nicht mehr zwei, sondern eins. Was aber Gott verbunden hat, das darf der Mensch nicht trennen. (Mt 19,6)
Wer seine Frau aus der Ehe entlässt und eine andere heiratet, begeht Ehebruch; auch wer eine Frau heiratet, die von ihrem Mann aus der Ehe entlassen worden ist, begeht Ehebruch. (Lk 16,18)

AF

Jesus stieg auf einen Berg und rief die zu sich, die er erwählt hatte ... Und er setzte zwölf ein, die er bei sich haben und die er dann aussenden wollte, damit sie predigten ... (Mk 3,13–15)
Amen, ich sage euch: Alles, was ihr auf Erden binden werdet, wird auch im Himmel gebunden sein ... (Mt 18,18)

AE

Er (Jesus) zog in ganz Galiläa umher, lehrte in den Synagogen, verkündete das Evangelium vom Reich und heilte im Volk alle Krankheiten und Leiden. Und sein Ruf verbreitete sich in ganz Syrien. Man brachte Kranke mit den verschiedensten Gebrechen und Leiden zu ihm ..., und er heilte sie alle. (Mt 4,23 f.)

ae

Als sie das, was Petrus predigte, hörten, traf es sie mitten ins Herz, und sie sagten zu Petrus und den übrigen Aposteln: Was sollen wir tun, Brüder? Petrus antwortete ihnen: Kehrt um, und jeder von euch lasse sich auf den Namen Jesu Christi taufen ...
An diesem Tag wurden (ihrer Gemeinschaft) etwa dreitausend Menschen hinzugefügt. (Apg 2,37–41)

af

Aber das alles kommt von Gott, der uns durch Christus mit sich versöhnt hat, und uns den Dienst der Versöhnung aufgetragen hat... Wir sind also Gesandte an Christi Statt, und Gott ist es, der durch uns mahnt. Wir bitten an Christi Statt: Lasst euch mit Gott versöhnen!(2 Kor 5,18–20)

ag

Tag für Tag verharrten sie (die ersten Christen) einmütig im Tempel, brachen in ihren Häusern das Brot und hielten miteinander Mahl in Freude und Einfalt des Herzens. Sie lobten Gott und waren beim ganzen Volk beliebt ...
(Apg 2,46 f.)

ab

Als die Apostel in Jerusalem hörten, dass Samarien das Wort Gottes angenommen hatte, schickten sie Petrus und Johannes dorthin. Diese zogen hinab und beteten für sie, sie möchten den Heiligen Geist empfangen ...
Sie waren nur auf den Namen Jesu, des Herrn, getauft. Dann legten sie ihnen die Hände auf, und sie empfingen den Heiligen Geist. (Apg 8,11–17)

ac

Darum wird der Mann Vater und Mutter verlassen und sich an seine Frau binden, und die zwei werden ein Fleisch sein. Dies ist ein tiefes Geheimnis; ich beziehe es auf Christus und die Kirche. Was euch angeht, so liebe jeder von euch seine Frau wie sich selbst, die Frau aber ehre den Mann.
(Eph 5,31–33)

ad

In der Gemeinde von Antiochia gab es Propheten und Lehrer: ... Als sie zu Ehren des Herrn Gottesdienst feierten und fasteten, sprach der Heilige Geist: Wählt mir Barnabas und Saulus zu dem Werk aus, zu dem ich sie mir berufen habe. Da fasteten und beteten sie, legten ihnen die Hände auf und ließen sie ziehen. (Apg 13,1–3)

aa

Ist einer von euch krank? Dann rufe er die Ältesten der Gemeinde zu sich; sie sollen Gebete über ihn sprechen und ihn im Namen des Herrn mit Öl salben. Das gläubige Gebet wird den Kranken retten, und der Herr wird ihn aufrichten; Wenn er Sünden begangen hat, werden sie ihm vergeben. (Jak 5,14 f.)

Übersichtskarte

Die Zeichen der Taufe

Jesus beauftragte die Jünger, zu allen Völkern zu gehen und sie zu taufen im Namen des Vaters und des Sohnes und des Heiligen Geistes (Mt 28,18–20). Die Apostel tauften damals Erwachsene. Im Laufe der Zeit wurde es den Christen wichtig, dass ihre Kinder von Anfang an zu Jesus und zur Kirche gehören, deshalb wurde die Kindertaufe eingeführt.
Der Erwachsenentaufe ging eine Unterweisung im Glauben voraus. In der Taufe bekannte sich dann der Täufling öffentlich zum Glauben an Jesus Christus. Bei der Kindertaufe, wie sie heute üblich ist, wird das Bekenntnis zum Glauben von den Eltern und Paten stellvertretend für den Täufling gesprochen.
In der Taufspendung bringen verschiedene symbolische Handlungen sinnenhaft zum Ausdruck, was für die Augen unsichtbar geschieht. Der Mensch wird innerlich rein und mit göttlichem Leben erfüllt. Nun ist er ein Christ: ein Kind Gottes, ein Freund Jesu und Mitglied der Kirche.

Anweisungskarte

1. Bringe die symbolischen Handlungen (1–4), die bei der Taufespendung vorkommen, in die richtige Reihenfolge!
   Folgende Begriffe helfen dir dabei: rein, stark, schön, hell.
2. Ordne die entsprechenden Bilder (A–D) zu!
3. Ordne die Bedeutungen (a–d) den jeweiligen symbolischen Handlungen zu!
4. ➪ Ordne die Bedeutungen der Symbole (I–IV) im alltäglichen Leben zu!
5. ➪ Ordne die Beschreibung des Ablaufs der Tauffeier (①–④) in der richtigen Reihenfolge!
6. ➪ Lies im Gotteslob (Nr. 43–48) über die Feier der Taufe nach!
7. ➪➪ Lies in der Bibel über eine der ersten Taufen nach. Welche Punkte lassen sich mit der beschriebenen Tauffeier vergleichen? (Apg 8,26–40)
8. ☞ Gestalte aus den Texten des Liedes GL 636 eine Glückwunschkarte für eine Taufe!
9. ☞ Gestalte aus einigen der folgenden Motive eine Taufkerze: Hand, Auge (für Gott Vater), Kreuz, Christuszeichen (für Jesus), Taube; Feuerflammen (für den Heiligen Geist), blühende Pflanze (für den Täufling), Wasser, Taufbecken …

1

Übergießen mit Wasser

D

b

Das Wasser reinigt von der Schuld und lässt göttliches Leben wachsen.

3

Salbung mit geweihtem Öl

B

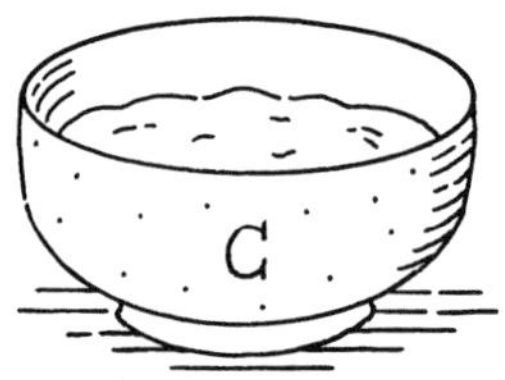

a

Das heilige Öl macht würdig und stark. Der Getaufte ist nun ein Gesalbter, wie Christus. Die Kraft des Heiligen Geistes ist in ihm.

4

Überreichen des weißen Kleides

C

d

Gott hat den Täufling beschenkt. Er ist nun neu, rein und schön. Er ist ein Christ.

2

Übergabe der brennenden Taufkerze

A

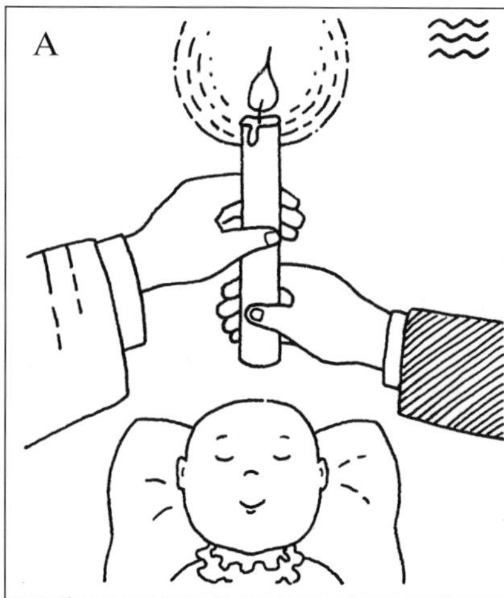

c

Das Licht des Auferstandenen begleitet den Getauften. Es macht sein Leben hell.

IV

es reinigt von Schmutz
es belebt
es lässt die Pflanzen wachsen
es löscht den Durst
es erfrischt den Körper
es trägt

II

es kräftigt und stärkt die Haut
es heilt die Wunden
es ist wohlriechend
es schützt vor starker Sonnenbestrahlung
es wird aus den Früchten bestimmter Pflanzen gewonnen
früher wurden Menschen damit zu Königen und Priestern gesalbt

III

es macht schön
es verändert einen Menschen
es macht neu
es macht mehr aus einem Menschen
es bedeckt und schützt
es hat die Farbe der Reinheit

I

es macht hell
es macht warm
es bringt feierliche Stimmung
es erleuchtet den Raum
es vertreibt die Dunkelheit und Kälte
es erinnert an die Auferstehung

③

Als der letzte Glockenschlag verklungen war, kam der Pfarrer mit den Ministranten aus der Sakristei und ging zur Eingangstüre der Kirche. Dort standen die Eltern und die Patin mit dem Täufling. Er fragte sie:„Was erbitten Sie von der Kirche?“ Sie antworteten: „Die Taufe.“ Dann gingen sie gemeinsam in die Kirche hinein. Der Priester las aus der Heiligen Schrift vor. Nach der Predigt bekannten alle im Glaubensbekenntnis ihren Glauben. Nun kam die eigentliche Taufe. Am Taufbecken goss der Pfarrer Wasser über den Kopf des Täuflings und sagte: „Katharina, ich taufe dich, im Namen des Vaters und des Sohnes und des Heiligen Geistes.“ Er erklärte:
„Das Wasser wird dich reinigen und dir göttliches Leben schenken.“

④

Vorsichtig trocknete er mit einem Tuch das Wasser wieder ab. Danach nahm er ein silbernes Gefäß, auf dem ein großes C zu sehen war. Darin befand sich ein Wattebausch, der mit heiligem Öl getränkt war.
Der Priester tauchte seinen Daumen in das Chrisamöl und salbte damit die kleine Katharina. Er sprach dabei: „Nun bist du eine Gesalbte, wie Christus. Der Heilige Geist wird dich durch dieses heilige Öl stärken.“

①

Nach der Salbung brachte ein Ministrant ein kleines, sehr schönes, weißes Kleid. Dieses wurde auf das Kind gelegt.
Der Pfarrer erklärte: „Gott hat dich beschenkt, nun bist du rein und schön. Bewahre dir diese Würde dein ganzes Leben.“

②

Die Mutter der kleinen Katharina rückte noch das Taufkleid zurecht, als der Vater gebeten wurde an der großen Osterkerze die Taufkerze anzuzünden. Der Pfarrer sagte zum Täufling: „Das Licht des Auferstandenen möge dich auf deinem Lebensweg begleiten, dein Leben hell machen und Wärme in deine Seele bringen.“
Anschließend zogen wir alle vom Taufstein zum Altar.
Mit dem Vaterunser und dem Segen endete die Tauffeier.
Wir gingen nach Hause und feierten noch bis in den Abend hinein.
Für mich ist es schön zu wissen, dass am Beginn meines Lebens bestimmt auch so ein positiver Anfang gestanden hat.

Übersichtskarte

Grundakte der Beichte

Jesus hat seine Jünger beauftragt, Sünden zu vergeben. Diesen Auftrag erfüllt die Kirche auch heute, besonders im Sakrament der Buße.
Im Namen des Vaters und des Sohnes und des Heiligen Geistes spricht hier der Priester den Sünder los von allem, was er freiwillig und absichtlich Böses getan und Gutes unterlassen hat. Wer die Vergebung in der Beichte empfangen möchte, muss den Ablauf genau kennen: Zuerst denkt man über seine Sünden nach und bereut sie, dann kommt der Vorsatz, danach das Bekenntnis und abschließend die Buße.

✂ --

Anweisungskarte

1. Bringe die fünf Elemente (fünf „b“) der Beichte (1–5) in die richtige Reihenfolge!
2. Ordne zu, was damit in der Beichte gemeint ist (A–E)!
3. Ordne die entsprechenden Bilder (a–e) zu!
4. ➪ Ordne die entsprechenden Gebete (①–⑤) zu!
5. Ordne die entsprechenden Teile aus einem Alltagsbeispiel (I–V) zu!
6. ➪ Ordne den entsprechenden Teil aus dem Ablauf (aa–ee) der Beichte zu!
7. ➪➪ Lies im Gotteslob (Nr. 65 oder 66) über die Beichte nach!
8. ☞ Ein Bild für die innere Belastung eines Menschen durch die Sünde ist die äußere Last, die Menschen tragen müssen.
   Male verschiedene Menschen, die unterschiedlichste Lasten tragen!
   Male jeweils ein zweites Bild, wie sie von dieser Last befreit sind!
9. ☞ Male sichtbare Vergleiche! Sünde ist wie …
   Vergebung ist wie …

2

besinnen

B

Das Kind denkt nach,
was es falsch gemacht hat.
Ein Beichtspiegel mit Fragen
hilft ihm dabei.

1

bereuen

E

Es tut ihm Leid, was es getan hat.
Es möchte dies nicht wieder tun.

4

bessern

D

Es überlegt, was es besser
machen kann.
Es fasst einen ganz
bestimmten Vorsatz.

3

bekennen

C

Es sagt im Beichtstuhl,
was es falsch gemacht hat.
Der Priester spricht es im Namen
Gottes los von seinen Sünden.

5

büßen

A

Es leistet einen Ausgleich für die
Sünden und macht den ersten Schritt
auf einem besseren Weg.

b

④
Guter Gott, ich komme zu dir. Vor dir möchte ich über die vergangenen Wochen nachdenken. So vieles habe ich falsch gemacht. So viel Gutes hätte ich tun können. Hilf mir nun mein Leben wie in einem Spiegel anzuschauen, damit ich erkenne, wo meine Fehler sind. Ich weiß, du schaust mit Liebe auf mich. Vor dir darf ich ehrlich sein. Du nimmst mich trotz meiner Sünden an.

c

①
Guter Gott, ich weiß, was ich getan habe.
Es tut mir so Leid.
Es schmerzt mich innerlich, dass ich so lieblos sein konnte und so vielen weh getan habe.

a

③
Guter Gott, ich möchte mich ändern. Ich möchte besser werden und meine alten Fehler überwinden. Ich werde mir vornehmen, dir zuliebe jeden Tag eine gute Tat zu vollbringen. Hilf mir dabei.

d

②
Barmherziger Gott, in Demut und Reue bekenne ich nun all meine Sünden. Gott sei mir Sünder gnädig.

e

⑤
Guter Gott, ich danke dir von Herzen, dass du mich von meinen Sünden befreit hast. Ich konnte die Last meiner Schuld bei dir abladen und darf nun befreit von neuem beginnen.
Gerne bete ich nun die Gebete, die mir der Priester zur Buße auferlegt hat.

III

Klaus hat die Lieblings-CD von Elke kaputt gemacht.
Er sieht, wie seine Schwester deswegen traurig ist.
Da überlegt Klaus, was er getan hat.

ad

Du kommst in die Kirche und nimmst in der Nähe des Beichtstuhles Platz. Dann beginnst du mit einem kurzen Gebet. Nun überlegst du, was du in der letzten Zeit falsch gemacht hast.
Vier Grundfragen können dir dabei helfen:
Wie war mein Verhältnis zu Gott? (beten, Messe, ...)
Wie war mein Verhältnis zu meinen Mitmenschen? (Eltern, Geschwister, Lehrer, Mitschüler, ...)
Wie war mein Verhältnis zur Umwelt?(Tiere, Sachen, ...)
Wie war mein Verhältnis zu mir selbst? (meine körperliche und seelische Gesundheit, ...)

I

In seinem Herzen spürt er, dass er gemein war.
Es tut ihm nun wirklich Leid.

ab

Nachdem du dir deine Fehler gründlich überlegt hast, sprich zu Gott ein Reuegebet. Sage ihm, wie Leid es dir tut, dass du diese Sünden begangen hast.

IV

Er nimmt sich vor, dass er sich bessert.
Er will nicht mehr so unachtsam mit den CDs seiner Schwester umgehen.

ae

Denke an eine Sünde, die du immer wieder machst.
Überlege, wie du dich ändern kannst, damit dieser Fehler nicht mehr passiert.
Fasse einen Vorsatz: Ich nehme mir vor, ...

V

Er geht zu ihr, gesteht die Schuld ein und bittet um Entschuldigung.

ac

Nun kannst du den Beichtstuhl betreten. Sage zum Priester: Meine letzte Beichte war vor ... In Demut und Reue bekenne ich meine Sünden. Ich habe ...
Sage nun, was du überlegt hast. Du kannst auch den Priester fragen, wenn dir etwas nicht klar ist.
Nach deinem Sündenbekenntnis kannst du sagen: Gott sei mir Sünder gnädig. Dann spricht der Priester mit dir. Danach gibt er dir eine „Buße“ auf, ein Gebet oder eine gute Tat. Dann spricht er dich im Auftrag Christi von den Sünden los. Nun verlässt du den Beichtstuhl wieder und gehst zurück in die Bank.

II

Er spült für sie ab.
Der Vater kauft eine neue CD.
Klaus bedankt sich bei Vater.

aa

Nun spüre in dich hinein, wie du von der Last der Sünde befreit bist.
Sprich ein Gebet und danke Gott darin, dass er dich erlöst hat.
Bete danach das Bußgebet, das dir der Priester aufgegeben hat.
Nun kannst du die Kirche wieder verlassen.

Übersichtskarte

Der Aufbau der Messe

Jesus hat oft Mahl gehalten, auch mit Zöllnern und Sündern. Das Mahl war für ihn ein Zeichen der Gemeinschaft.
Am Abend vor seinem Leiden und Sterben lädt er seine Jünger zu einer letzten Zusammenkunft ein. Alles, was er bisher gesagt und getan hat, verdichtet sich in diesem letzten Abendmahl.
Er spricht das Dankgebet und den Lobpreis. Und er nimmt das Brot, bricht es und gibt seinen Jüngern davon. „Nehmet und esset alle davon: Das ist mein Leib, der für euch hingegeben wird." Nach dem Essen nimmt er den Becher mit Wein, spricht das große Dankgebet und reicht ihn seinen Jüngern: „Nehmet und trinket alle daraus: Das ist der Kelch des neuen und ewigen Bundes, mein Blut, das für euch und für alle vergossen wird, zur Vergebung der Sünden. Tut dies zu meinem Gedächtnis."
Bis auf den heutigen Tag erfüllt die Kirche diesen Auftrag Jesu. In der heiligen Messe, der Eucharistiefeier, erinnern sich die Gläubigen an Jesu Worte und Taten, begegnen ihm im Wort und im Mahl und lassen sich stärken für ihren Alltag.

✂ -

Anweisungskarte

1. Ordne die Hauptteile (1–4) der Messe in der richtigen Reihenfolge an!
2. Ordne die Einzelteile (A–D) der Messe den Hauptteilen zu!
3. Ordne die entsprechenden Bilder (a–d) zu!
4. Ordne die Grundgedanken der jeweiligen Teile zu (I–IV)!

➪ 5. Ordne den Ablauf der Messe (①–④) zu!

➪➪ 6. Schau dir im Gotteslob Nr. 352–366 den genauen Ablauf der Messe an!

➪➪ 7. Schau dir im Gotteslob Lieder an (z. B. GL 462–473), die zu den einzelnen Teilen der Messe gesungen werden und vergleiche sie mit den Grundgedanken (I–IV)!

☞ 8. Das Letzte Abendmahl ist der Ursprung der Messe. Schneide aus Tonpapier einen Tisch, Kelch, Schale, 12 Jünger und Jesus aus. Lege aus den einzelnen Teilen ein Abendmahlsbild.

☞ 9. Stell dir vor, du wärest ein Künstler und bekämst den Auftrag, für einen Priester ein Messgewand zu entwerfen, das er im Kindergottesdienst tragen kann. Welche Bildelemente und welche Anordnung wären dir wichtig? Zeichne Entwürfe!

②

Eröffnung

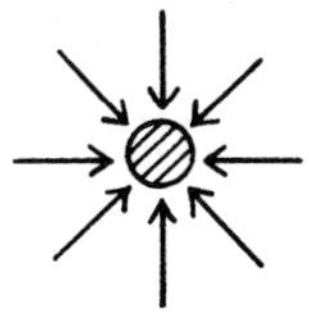

C

Begrüßung
Schuldbekenntnis
Kyrie (Herr erbarme dich)
Gloria (Ehre sei Gott)
Tagesgebet

④

Wortgottesdienst

D

Lesung
Zwischengesang
Evangelium
Predigt
Glaubensbekenntnis
Fürbitten

①

Mahlgottesdienst

A

Gabenbereitung
Hochgebet
Vaterunser
Friedensgruß
Lamm Gottes
Kommunion

③

Entlassung

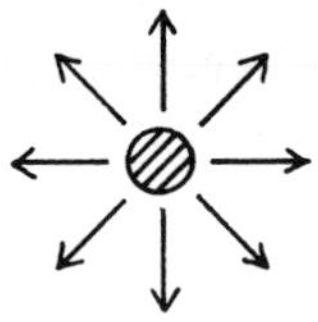

B

Verlautbarungen
Segen

b

II

Gott lädt uns ein,
ihm in Jesus Christus
zu begegnen.

Wir versammeln uns
und danken ihm.

a

IV

Gott spricht zu uns,
im Wort der Heiligen Schrift.

Wir antworten
und bekennen uns zu ihm.

d

I

Wir bringen Gottes Gaben
in Brot und Wein zum Altar.

Gott schenkt sie uns
verwandelt wieder.

Wir nehmen ihn dankbar
bei uns auf.

c

III

Gott segnet
und sendet uns.

Wir gehen gestärkt
an unsere Aufgaben.

④	
	Lied zu Beginn
Begrüßung	P Im Namen des Vaters und des Sohnes und des Heiligen Geistes A Amen
	Der Herr sei mit euch
	A Und mit deinem Geiste
	Der Priester leitet die Messe mit einigen Worten ein.
Schuldbekenntnis	A Ich bekenne Gott, dem Allmächtigen und allen Brüdern und Schwestern, dass ich ...
	P Der allmächtige Gott erbarme sich unser.
	Er lasse uns die Sünden nach und führe uns zum ewigen Leben. A Amen
Kyrie	*im Wechsel von Priester und Gemeinde, manchmal mit Zwischentexten*
	P/A Herr erbarme dich (unser)
	P/A Christus erbarme dich (unser)
	P/A Herr erbarme dich (unser)
Gloria	*Ehre sei Gott in der Höhe (Loblied, Lobgebet, nur am Sonntag)*
Tagesgebet	P Lasset uns beten ... *Der Priester fasst die wichtigsten Anliegen im Gebet zusammen.*

②	
Lesung	*Wir hören aus der Heiligen Schrift: Altes Testament, Apostelgeschichte, Apostelbriefe.*
	L Lesung aus dem Buch ... *Ein Lektor liest am Ambo vor.*
	L Wort des lebendigen Gottes A Dank sei Gott
Zwischengesang	*Zwischen Lesung und Evangelium ist ein Lied, ein Psalm oder Stille.*
Evangelium	P Der Herr sei mit euch A Und mit deinem Geiste
	P Aus dem Evangelium nach ... (Matthäus, Markus, Lukas, Johannes)
	A Ehre sei dir, o Herr.
	Kleines Kreuzzeichen! Der Priester liest das Evangelium vor.
	P Evangelium unseres Herrn Jesus Christus.
	A Lob sei dir, Christus.
Predigt	*Es werden die Worte der Heiligen Schrift erklärt und auf unsere Zeit bezogen.*
Glaubensbekenntnis	*Die Gläubigen bekennen ihren Glauben an Gott.*
	A Ich glaube an Gott, den Vater, den Allmächtigen ...
Fürbitten	*Der Lektor trägt die Bitten vor.* A Wir bitten dich erhöre uns.

③	
Gabenbereitung	*Die Ministranten bringen Brot und Wein zum Altar, die Gläubigen singen ein Lied.*
Hochgebet	**1. Präfation:** P Der Herr sei mit euch. A Und mit deinem Geiste ...
	Der Priester betet das Dankgebet, die Gemeinde stimmt in das Lob ein.
	2. Sanktus: A Heilig, heilig, heilig, Gott, Herr aller Mächte und Gewalten ...
	3. Kanon: *Das große Gebet, in dessen Mitte die Einsetzungsworte stehen*
	P NEHMET UND ESSET ALLE DAVON: DAS IST MEIN LEIB ...
	P Geheimnis des Glaubens: A Deinen Tod, o Herr, verkünden wir ...
	P Darum, gütiger Vater, feiern wir das Gedächtnis ... *Der Priester betet.*
Vater unser	P Lasset uns beten, wie der Herr uns zu beten gelehrt hat. A Vater unser im Himmel ...
Friedensgruß	P Der Friede des Herrn sei mit euch! A Und mit deinem Geiste ...
Lamm Gottes	P Lamm Gottes, du nimmst hinweg die Sünde der Welt: A Erbarme dich unser ...
Kommunion	P Seht das Lamm Gottes, das hinwegnimmt die Sünde der Welt.
	A Herr, ich bin nicht würdig, dass du eingehst unter mein Dach ...
	P Leib Christi A Amen

①	
Verlautbarungen	*Es werden wichtige Hinweise zur kommenden Woche bekannt gegeben.*
Segen	P Es segne euch der allmächtige Gott, der Vater und der Sohn und der Heilige Geist.
	A Amen
	P Gehet hin in Frieden.
	A Dank sei Gott dem Herrn.
	Die Gläubigen verlassen gestärkt die Messe. Sie versuchen die Güte, mit der Gott ihnen begegnet ist, an andere weiterzuschenken.

Übersichtskarte

Die Zeichen der Firmung

Firmung kommt von „firmare“ und bedeutet Befestigung, Stärkung.
Das, was in der Taufe begonnen hat, wird nun in der Firmung gefestigt.
Damals haben die Eltern und Paten das Ja zum Glauben gesprochen; nun muss der Firmling selbst den Glauben bekennen und ja zu einem Leben als Christ sagen.
Die Firmung steht am Übergang von der Kindheit zum Erwachsensein.
Gerade hier soll der Heranwachsende mit dem Heiligen Geist gestärkt werden, damit er sein Leben als erwachsener Christ sinnvoll gestalten kann.
Die Firmung wird mittels verschiedener Zeichen im Rahmen eines feierlichen Gottesdienstes vom Bischof oder einem Beauftragten gespendet.

Anweisungskarte

1. Ordne die Bilder (A–D) den Zeichen (1–4) zu!
2. Ordne die Bedeutungen der Firmzeichen (a–d) zu!
3. ➪ Ordne die ausführlichen Erklärungen (I–IV) zu!
4. ➪ Ordne die biblischen Bezugspunkte (①–④) zu!
5. ➪➪ Lies im Gotteslob Nr. 52 über die Firmspendung. Schreibe in schöner Zierschrift heraus, mit welchen Worten die Jugendlichen gefirmt werden und was sie dabei sagen müssen.
6. ☞ Denke nach, wo du in deinem Alltag den vier Zeichen der Firmung schon begegnet bist:
   Jemand legt die Hand auf dich, du cremst dich ein, du betrachtest ein Siegel, du siehst ein bestimmtes Kreuz.
   Male diese vier Erfahrungen!
7. ☞ Überlege dir passende Symbole und einen geeigneten Spruch und gestalte daraus eine Einladungskarte für das Fest der Firmung!

2

Handauflegung

C

b

Du gehörst zu Gott.
Er steht dir bei,
wie ein großer
Freund.

4

Salbung

B

a

Der Heilige Geist
dringt in dich ein.
Er stärkt und
heilt dich.
Du wirst ein
Gesalbter.

1

Besiegelung

A

c

Dir wird das Siegel
Christi, das Kreuz,
auf die Stirn
gezeichnet.
Die Freundschaft
mit Gott, die in der
Taufe begonnen hat,
wird nun befestigt.

3

Kreuz

D

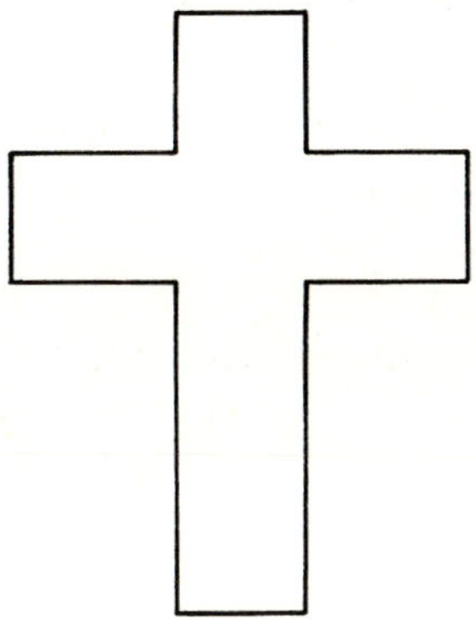

d

Du bist ein Christ.
Du gehörst zu
Christus, der für uns
gestorben und
auferstanden ist, und
zu denen, die dieses
Zeichen tragen, zur
Gemeinschaft der
Kirche.

II

**Eine Hand liegt auf mir.
Jemand rührt mich an. Seine Wärme ist spürbar. Von seiner Hand geht etwas auf mich über. Dies verbindet. Ich gehöre zu ihm. Es ist jemand da, auf den ich mich verlassen kann. Ich bin nicht allein. Er steht zu mir. Ich kann auf ihn bauen. Ich bin gehalten.**

④

Als die Apostel in Jerusalem hörten, dass Samarien das Wort Gottes angenommen hatte, schickten sie Petrus und Johannes dorthin. Diese zogen hinab und beteten für sie, sie möchten den Heiligen Geist empfangen. Denn ... sie waren nur auf den Namen Jesu, des Herrn getauft. Dann legten sie ihnen die Hände auf, und sie empfingen den Heiligen Geist. (Apg 8,14–17)

III

Es tut gut. Es heilt wie Salbe, es kräftigt wie Öl. Wie Creme dringt es in die Haut ein. Es macht sie weich und geschmeidig. Der Duft, der von ihr ausgeht, beflügelt. Ich bin gestärkt.

②

Ihr wisst, was im ganzen Land der Juden geschehen ist, angefangen in Galiläa nach der Taufe, die Johannes verkündet hat: wie Gott Jesus von Nazaret gesalbt hat mit dem Heiligen Geist und mit Kraft, wie dieser umherzog, Gutes tat und alle heilte, die in der Gewalt des Teufels waren; denn Gott war mit ihm. (Apg 10,37 f.)

IV

Der Vertrag ist vereinbart und geschrieben. Nun wird das Siegel aufgebracht. Erst jetzt ist alles gültig. Das Siegel bestätigt die Echtheit und garantiert die Richtigkeit. Es prägt sich tief ein und ist unauslöschbar. Jeder kann sich nun auf das verlassen, was hier befestigt wurde, dies gibt Sicherheit und Halt. Ich habe mich entschieden.

③

Gott aber, der uns und euch in der Treue zu Christus festigt und der uns alle gesalbt hat, er ist es auch, der uns sein Siegel aufdrückt und als ersten Anteil (am verheißenen Heil) den Geist in unsere Herz gegeben hat. (2 Kor 1,21 f.)

I

Es ist ein Marterwerkzeug, das grausamen Tod brachte. Es wurde zum wichtigsten Erinnerungszeichen an Jesus. Es vergegenwärtigt seinen Tod, sein Leiden, sein Leben, aber vor allem seine Auferstehung. Es eint alle, die ihr Leben an ihm ausrichten. Wer es bewusst trägt, bekennt: Ich gehöre zu Christus. Ich bin ein Christ.

①

Die Juden fordern ein Zeichen, die Griechen suchen Weisheit, wir dagegen verkündigen Christus als den Gekreuzigten: Für Juden ein empörendes Ärgernis, für Heiden eine Torheit, für die Berufenen aber, Juden wie Griechen, Christus, Gottes Kraft und Gottes Weisheit.
(1 Kor 1,22–24)

Kontrollfragen (jeweils 20 Punkte)

Die Grundfunktionen der Kirche
Nenne die vier Grundfunktionen der Kirche! (2 × 4 Punkte)
Nenne zu jeder der vier Funktionen drei Beispiele! (12)

Die Pfarrkirche
Nenne zehn Dinge, die im Inneren einer Kirche zu finden sind! (10)
Erkläre jeweils die Bedeutung! (10)

Liturgische Begriffe
Nenne zehn liturgische Begriffe! (10)
Erkläre jeweils die Bedeutung! (10)

Das Kirchenjahr
Nenne zehn Feste im Kirchenjahr! (10)
Erkläre jeweils ihre Bedeutung! (10)

Der Kreuzweg
Nenne zehn Kreuzwegstationen sinngemäß! (10)
Erkläre, woran man sich bei der jeweiligen Station erinnert! (10)

Die sieben Sakramente
Nenne die Namen der sieben Sakramente! (7)
Erkläre, was jeweils geschieht! (7)
Nenne bei drei Sakramenten, was jeweils gesprochen wird! (2 × 3)

Die Zeichen der Taufe
Welche vier Zeichen gibt es bei der Taufspendung? (2 × 4)
Was bedeuten sie jeweils? (2 × 4)
Mit welchen Worten tauft der Priester? (4)

Grundakte der Beichte
Nenne die fünf „b“ der Beichte! (2 × 5)
Erkläre, was jeweils mit diesem Wort gemeint ist! (2 × 5)

Der Aufbau der Messe
Nenne die vier Hauptteile der Messe! (2 × 4)
Nenne zu jedem Hauptteil zwei Einzelteile! (2 × 4)
Wähle einen Hauptteil und erkläre, was darin geschieht! (4)

Die Zeichen der Firmung
Nenne die vier Zeichen der Firmung! (2 × 4)
Erkläre, was sie jeweils bedeuten! (2 × 4)
Nenne je ein Beispiel, wo diese Zeichen im Alltag vorkommen! (4)

Lösungsblatt

Die Grundfunktionen der Kirche

1	A	d	II	③
2	D	b	IV	②
3	C	a	I	④
4	B	c	III	①

Die Pfarrkirche

1	A	a	①	7	H	h	⑧	13	N	p	⑭
2	C	e	③	8	J	i	⑩	14	P	n	⑬
3	E	c	④	9	I	j	⑪	15	M	o	⑯
4	B	d	②	10	K	l	⑦	16	O	m	⑮
5	D	b	⑥	11	G	g	⑨	17	R	q	⑱
6	F	f	⑤	12	L	k	⑫	18	Q	r	⑰

Liturgische Begriffe

1	A	b	6	F	h	11	K	n	16	P	t	21	U	x	26	Z	aa
2	D	a	7	H	f	12	N	k	17	S	p	22	W	u	27	AA	ac
3	C	d	8	I	g	13	L	m	18	T	r	23	V	v	28	AC	z
4	E	c	9	G	j	14	M	l	19	Q	s	24	Y	w	29	AB	ad
5	B	e	10	J	i	15	O	o	20	R	q	25	X	y	30	AD	ab

Das Kirchenjahr

1	A	a	I	7	G	g	VII	13	M	m	XIII
5	D	c	VI	9	I	i	X	16	N	p	XVI
4	C	b	V	8	H	h	IX	15	R	n	XVII
2	B	d	II	10	J	k	VIII	14	P	o	XV
3	F	f	IV	12	L	j	XII	18	O	q	XIV
6	E	e	III	11	K	l	XI	17	Q	r	XVIII

Der Kreuzweg

1	A	a	I	①	8	H	k	XIII	⑫
2	D	c	IV	⑥	9	K	h	XI	⑬
3	C	b	V	③	10	J	i	IX	⑨
4	B	d	II	②	11	I	j	XII	⑧
5	F	e	VI	⑦	12	M	n	XIV	⑩
6	G	f	VII	⑤	13	N	m	X	⑪
7	E	g	III	④	14	L	l	VIII	⑭

Die sieben Sakramente

1	A	f	II	⑥	AA	ae
3	E	e	IV	⑤	AC	af
2	C	g	VI	⑦	AD	ag
5	B	a	VII	②	AG	ab
4	D	d	I	③	AB	ac
7	G	c	III	①	AF	ad
6	F	b	V	④	AE	aa

Die Zeichen der Taufe

1	D	b	IV	③
3	B	a	II	④
4	C	d	III	①
2	A	c	I	②

Grundakte der Beichte

2	B	b	III	④	ad
1	E	c	I	①	ab
4	D	a	IV	③	ae
3	C	d	V	②	ac
5	A	e	II	⑤	aa

Der Aufbau der Messe

2	C	b	II	④
4	D	a	IV	②
1	A	d	I	③
3	B	c	III	①

Die Zeichen der Firmung

2	C	b	II	④
4	B	a	III	②
1	A	c	IV	③
3	D	d	I	①

Kreative Impulse für die Unterrichtsgestaltung

Religion schülernah und aktuell vermitteln!

Anette Töniges-Harms

Frauen im Alten Testament

Material- und Aufgabensammlung für die Sekundarstufe I

176 S., DIN A4, kart. Best.-Nr. **3912**

Das Alte Testament erzählt die Geschichte Gottes mit den Menschen von Anbeginn der Zeit. Es sind bewegende Geschichten von Schöpfung und Untergang, Flucht und Verheißung, Liebe und Eifersucht, Krieg und Frieden. In all diesen Erzählungen spielen Frauen eine besondere Rolle. Stehen sie auch oft im Schatten ihrer Männer, ist doch ohne sie die Geschichte des Volkes Israel undenkbar: Sara bringt Isaak zur Welt, den Stammvater der Juden, Ester rettet das jüdische Volk vor dem Untergang und Debora führt Gottes Volk zu einem langen Frieden. Die Schüler/-innen lernen anhand von Informationsblättern, Briefen, Rollenspielen, Rätseln, eigenen Recherchen, Textpuzzles und weiteren vielfältigen Arbeitsaufgaben. Alle Materialien sind als Kopiervorlagen konzipiert und direkt im Unterricht einsetzbar. Auch die Bibellektüre kommt nicht zu kurz.

Jürgen Engel/Johanna Niklaus/
Wolfgang Rieß/Christiane Sahlender

Gottes Weisungen verstehen

Die Zehn Gebote in Freiarbeit erlernen
4.–6. Jahrgangsstufe

116 S., DIN A4, kart. Best.-Nr. **4262**

Dieser Band bietet neben grundlegenden Informationen zur Gestaltung der Freiarbeit im Unterricht 15 Freiarbeitsstationen zur Bearbeitung der Zehn Gebote von der vierten bis zur sechsten Jahrgangsstufe. Die einzelnen Stationen sind so aufbereitet, dass die Kinder die ethischen Grundlagen an Situationen aus dem eigenen Leben kreativ bearbeiten können. So gehen die Schülerinnen und Schüler auf Entdeckungsreise und erleben, wie spannend gemeinsames Arbeiten im Religionsunterricht sein kann.

Doris Schulte

Singen und spielen im Religionsunterricht

3 Singspiele für die Klassen 3–6

88 S., DIN A4, kart.,
inkl. Audio-CD

Best.-Nr. **4225**

Religion lebendig vermitteln! Die drei Singspiele sprechen aktuelle Themen an, um Kinder zwischen 8 und 12 Jahren für religiöse Inhalte zu sensibilisieren und zu verantwortungsvollem Handeln anzuregen.
Alle Spiele können als Theaterstücke, als Lese- und Singspiele oder auch als Puppenspiele inszeniert werden. Das Material enthält die kompletten Anweisungen für die Bühnenbilder, den Szenenaufbau, die einzelnen Rollen sowie die komplette Notation der insgesamt 13 Lieder und Musikstücke (Vor- und Zwischenspiele), die von Kindern gesungen und auch als Halb-Playback auf der **Audio-CD** beigefügt sind.

Auer **BESTELLCOUPON** Auer

Ja, bitte senden Sie mir/uns

___ Expl. Anette Töniges-Harms
Frauen im Alten Testament Best.-Nr. **3912**

___ Expl. Jürgen Engel/Johanna Niklaus/
Wolfgang Rieß/Christiane Sahlender
Gottes Weisungen verstehen Best.-Nr. **4262**

___ Expl. Doris Schulte
Singen und spielen im Religionsunterricht Best.-Nr. **4225**

mit Rechnung zu.

Bequem bestellen unter:
Telefon: 01 80/5 34 36 17
Fax: 09 06/7 31 78
E-Mail: info@auer-verlag.de

Bitte kopieren und einsenden an:

Auer Versandbuchhandlung
Postfach 11 52
86601 Donauwörth

Meine Anschrift lautet:

Name/Vorname

Straße

PLZ/Ort

E-Mail

Datum/Unterschrift